SLOW

仕事の減らし方

「本当に大切なこと」に
頭を使うための3つのヒント

カル・ニューポート
高橋璃子 訳

ダイヤモンド社

SLOW PRODUCTIVITY

by

Cal Newport

This edition published by arrangement with Portfolio, an imprint of Penguin Publishing Group, a division of Penguin Random House LLC through Tuttle-Mori Agency, Inc., Tokyo

プロローグ

1966年の夏、ジョン・マクフィーは裏庭にあるピクニックテーブルに寝転び、トネリコの樹を見上げていた。

ニューヨーカー誌の専属ライターの仕事に就《つ》いて、もうすぐ2年になる時期だった。マクフィーは2017年の著書『ノンフィクションの技法』のなかで、そのときのことをこう振り返る。

「2週間近くもそうして寝転んでいた。梢《こずえ》を見上げ、込みあげてくる恐怖とたたかいながら」[1]

すでにライターとしての実績はあった。ニューヨーカー誌に長編記事が5本掲載されたし、それ以前にはタイム誌で7年間、共同編集者を務めていた。[2] なにも初心者というわけじゃない。

しかし今度書こうとしている記事は、今までにない難易度だった。どうにも書く糸口をつかめず、ピクニックテーブルの上でじっと固まっていたのだ。
マクフィーがそれまで手がけていたのは、おもに単独の人物を追った記事だった。初めてニューヨーカー誌に掲載されたのは、有名バスケットボール選手ビル・ブラッドリーについてまとめた文章だ。[3] 物の歴史について書いたこともある。オレンジの歴史を紀元前500年頃の中国までたどり、二部構成の記事にして発表した。[4]
でも今回は、それよりずっと広範なテーマに挑もうとしていた。ニュージャージー州南部のパインバレンズという広大な森林地帯を、多角的に描きだす試みだ。森異なる舞台を訪れながら、多数の人物に焦点を当て、当時の会話を詳しく再現する。森の歴史は、単なる物の歴史ではない。その土地の地質、生態系、政治に至るまで、あらゆるものが絡みあった総合的な物語だ。
8か月かけて下調べをした。原稿を埋めるのに充分な素材が集まったはずだった。自宅とパインバレンズのあいだを数えきれないほど往復し、しょっちゅう寝袋を持参して泊まりこみ、関連する本を読みあさり、あらゆる人に話を聞いた。[5]
それなのに、いざ書きだそうとして、彼は怖じ気づいてしまった。
不安を感じるのは、とくに不思議なことでない。マクフィーはこう語る。
「過去の成功は不安を減じてくれない。以前いい記事を書けたとしても、次が書けるかどうかは別の話だ[6]」

そんなわけで彼はピクニックテーブルに寝転び、トネリコの梢を見上げながら、雑然とした素材やエピソードをどうやって記事にすべきか考えあぐねていた。

何もしないまま2週間がすぎた頃、ふいにひとつの名前が浮かび上がってきた。フレッド・ブラウンだ。

フレッド・ブラウンは、調査の初期に知り合った72歳の男性だ。[7]パインバレンズの森の奥に、掘っ建て小屋を建てて暮らしていた。マクフィーは何度もそこを訪れ、一緒に森を散策したものだった。

その日、ピクニックテーブルの上で、ブラウンの名前は啓示のように響いた。

考えてみれば、ブラウンは森で起こったできごとの大半に関わっている。彼をストーリーの中心に据え、その冒険から派生する形でほかのトピックを紹介すれば、うまく芯の通った記事になるはずだ。

そのひらめきから1年以上をかけて、マクフィーは記事を完成させた。眼鏡屋の2階に質素なオフィスを借り、向かいのマッサージ店を時おり眺めながら執筆に励《はげ》んだ。完成した原稿は単語数にして3万を超える大作となり、前後編に分けてニューヨーカー誌に掲載された。今も語り継がれる伝説の記事で、マクフィーの数ある作品のなかでも根強い人気を誇っている。

もしも急いで書きはじめていたら、平凡な記事に終わっていたかもしれない。

ほかのすべてを忘れてじっと横になり、これだという答えが見つかるまで待ったからこそ、傑作を生みだすことができたのだ。

＊

僕がこのマクフィーのエピソードに出会ったのは、新型コロナウイルスのパンデミックが始まって間もない頃だった。

今までのように仕事ができなくなり、先の見えない状況に誰もが困惑していた。

不安をのせた春風が吹きはじめると、長いあいだくすぶっていた「生産性」に関する議論にわっと火がついた。日々パソコンに向かって仕事をする、いわゆる知的労働者の人たちが、パンデミックの重圧のなかで生産性に反旗をひるがえしはじめたのだ。

生産性について多くの著作を書いてきた僕のところにも、その波は当然押し寄せた。

「生産性なんてただの邪魔だ」

「頭を使ってよい仕事をすることは人間の本質的な喜びなのに、生産性に結びつけられたとたんに喜びが薄れてしまう」

「生産性という言葉には、単に仕事をしろという意味だけでなく、仕事のために何もかもを犠牲にしろという響きがある」

そんなコメントが僕のブログに続々とやってきた。ある読者は、この風潮とパンデミックとの結びつきを次のように説明してくれた。

「生産性って要するに、作ったモノの数しか見ていないんです。それがコロナ禍で浮き彫りになったと思う。なんとか仕事を失わずにすんだ親たちは、家で子どもの世話をしつつ勉強を見てやりつつ、そのうえ今までと同じ量のアウトプットを出せと言われて、どうにもならなくなっている」


生産性を批判する声は高まる一方で、その熱量に僕は正直驚いた。普段から読者の声は届いているが、こんなにヒートアップするのは初めてだった。

今までとはなにかが違う。潮目が変わろうとしているのだ。

反生産性のムードが高まっているのは、僕の読者に限った話ではなかった。

2020年春から2021年夏までの1年あまりで出版されたベストセラーのうち、目につくだけでも4冊が生産性の概念を鋭《するど》く批判していた。オリバー・バークマンの『限りある時間の使い方』、デヴォン・プライスの『「怠惰」なんて存在しない』、セレステ・ヘッドリーの『何もしない技術』（未邦訳：Do Nothing）、アン・ヘレン・ピーターソンの『バーンアウトの世代』（未邦訳：Can't Even）。

生産性への反感は言論にとどまらず、いくつもの社会現象を引き起こした。

まずアメリカで話題になったのが、いわゆる「大量離職」だ。新型コロナのパンデミックのさなかに、さまざまな業種の労働者がいっせいに辞表を出しはじめた。要因はいくつもあったが、知的労働者に共通していたのは、重すぎる仕事の負担を手放したい心情だった。

大量離職に続き、今度は若い人たちのあいだで「ひそかな退職」の動きが起こってきた。仕事を本当にやめるわけではないが、生産性を上げろという要求に応えるのをやめて、無駄に頑張らない働き方を選ぶようになったのだ。

「私たちはつねに仕事過多、ストレス過多の状態にある。いくら頑張っても足りず、やればやるほど多くを求められるようになる」と『何もしない技術』の著者ヘッドリーは言う。[8]

以前ならそんな不満はわがままだと一蹴されたかもしれない。でもパンデミックの危機が深まるなかで、ヘッドリーの声は大量の賛同者を得ていった。

*

急速に広がる不満を目の当たりにして、何か重要なことが起こっているのをひしひしと感じた。知的労働者は疲弊し、忙しさが増すばかりの仕事に燃え尽きていた。パンデミックがこの危機を引き起こしたわけではない。パンデミックはすでに存在していた傾向に拍車をかけ、一線を越えさせたというほうが正しい。とつぜんリモートワークをしろと投げだされ、隣の部屋で子どもが叫びまわる環境で果てしないウェブ会議に耐えながら、少なからぬ知的労働者は疑問を感じはじめた。

「自分はいったい、ここで何をやっているんだ？」

知的労働者の不満や新たに台頭しつつある仕事観について、僕はニュースレターやポッドキャストでさまざまな角度から取り上げていった。雑誌にも頻繁に寄稿した。反生産性の運動が勢いを増すなか、２０２１年秋にはニューヨーカー誌でこのテーマに特化したコラムの隔週連載を始めた。

反生産性のストーリーは、思ったよりも複雑な様相を呈していた。人々はもう無理だと感じていたけれど、それほどまでに疲労が増している原因は明らかでなかった。

インターネット上には実に多様な、ときに相反する説明があふれていた。会社が利益を出すために労働者への要求を引き上げすぎているのだ、という説もあれば、忙しさに価値を置く文化を個人が内面化しているせいだ、インフルエンサーが生産性アップの話ばかりするせいでみんな疲れきっているのだ、という説もあった。あるいは僕らは後期資本主義の避けがたい末路を目にしているのかもしれなかった。

あらゆる非難が飛び交い、不満が吐きだされ、そのあいだにも知的労働者の状況は悪くなっていくばかりだった。

状況はかなり暗いように思えた。でも調査をさらに進めるうちに、かすかな希望の光が見えてきた。ヒントは、冒頭で紹介したストーリーのなかに隠れていた。

*

裏庭で葉っぱを見上げて過ごすジョン・マクフィーの話を初めて知ったとき、僕はそれを一種の郷愁《きょうしゅう》として受けとった。なにか遠い昔の、まだゆっくりと自分のペースで考える余裕があった時代のお話だろうと。

「生産性を気にせずに好きなだけ時間をかけられる仕事があったら素敵なんだけどな」と僕は思った。

しかし、やがて無視できない事実に気がついた。

ジョン・マクフィーは、実際すごく生産的だったじゃないか？

あの裏庭のピクニックテーブルから視点をぐっと引いて、マクフィーのキャリア全体を見渡してみると、その生産性は圧倒的だ。現時点で29冊の本を出版し、そのうちの1冊はピューリッツァー賞を受賞、2冊は全米図書賞にノミネートされている。ニューヨーカー誌で50年以上にわたってすぐれた記事を書いているほか、プリンストン大学で長年クリエイティブライティングを教え、リチャード・プレストンやエリック・シュローサー、ジェニファー・ウェイナー、デイヴィッド・レムニックなど名だたるノンフィクション作家を生みだしてきた。

言葉のどんな定義からいっても彼は生産的なのだが、その働き方は多忙さや激務とは無縁のように見える。

この気づきが、本書の中心となるアイデアに発展した。**知的労働の問題は生産性そのものにあるのではなく、生産性の誤った定義にあるのではないか？**

現代人をたえまなく苦しめる過重労働は、生産性を「忙しさ」と同一視する風潮に由来する。メールやチャットにすばやく返信し、大量の会議をこなし、タスクをどんどん引き受け、長時間バリバリと働く。それが仕事ができる人のイメージだ。

でも詳しく調べてみると、そう考える根拠はとくにないように思える。まったく違うやり方が生産的であると評価されてもおかしくないはずなのだ。

満杯のタスクリストを抱えて活発に動きまわるよりも、ジョン・マクフィーのように**ゆっくりと、静かに働く**ほうが生産性が高い可能性もある。

さらにこの問題を掘り下げるうちに、昔の知的労働者たちの習慣や儀式から多くを学べることに気がついた。21世紀の仕事の現実をうまく考慮に入れれば、それらは単なるインスピレーションにとどまらず、現代の仕事観を変革するための豊かな情報源になるはずだ。

こうした洞察に突き動かされ、仕事への向き合い方を考え直すうちに、現代の過労状態に代わる新たな仕事観が浮かび上がってきた。

スローワーキング
持続可能かつ有意義なやり方で知的労働に取り組むための仕事哲学。以下の3つの原則に基づく。

1. 削減――やるべきことを減らす
2. 余裕――心地よいペースで働く
3. 洗練――クオリティにこだわり抜く

これから見ていくように、スローワーキングは忙しさを否定する仕事哲学だ。過剰な仕事量はけっして名誉ではなく、成果をさまたげる障壁である。仕事はもっと変化に富んだ人間的なペースで進めるもので、集中的に働く時期もあればゆっくり休む時期もあっていい。やたらと頑張っている感をアピールするよりも、黙ってクオリティの高い仕事をする。それがスローワーキングの基本姿勢だ。

これらの原則がなぜ大事なのか、どのように実践していけばいいのかを、本書では詳しく論じていきたい。

理論面だけでなく、実際の仕事に生かすための具体的なアドバイスを数多く紹介する。自分で事業を動かす経営者から上司の指示を受けて働く会社員まで、さまざまな仕事に役立つ内容となっているはずだ。

この本は、単に仕事を要領よくこなすためのライフハックではない。あるいは搾取的な上司や企業に抗議の拳を突き上げようというわけでもない（もちろん多少はそういう面もあるけれど）。

僕がやりたいのは、**仕事をやりとげるための新たなフレームワーク**を提示することだ。

今のままでは、人も企業も長くはもたない。僕は知的労働を非人間的な忙しさから救いだし、より健全で持続可能なものに作り変えたいと思う。激務で心身を壊さなくても、無理なく仕事ができるのが当たり前になってほしい。

たしかに仕事の種類によっては、今すぐに働き方を切り替えるのは難しいかもしれない。それでも、実はかなり多くの仕事が柔軟に変われる可能性を秘めている。

バーンアウトの危険なしに成果を上げることは不可能ではない。いや、本当は誰もがバーンアウトなく働けるべきなのだ。

具体的な話を進める前に、本書のパート1では、知的労働がいかにして生産性との有害な関係性に陥ったのかを振り返っておきたい。今ある「生産性」の概念がその場しのぎで作られたものにすぎないとわかれば、現状から抜けだすことも容易になるはずだ。

目的地は決まった。さあ旅を始めよう。

SLOW 仕事の減らし方 もくじ

パート2

仕事の減らし方

第3章 削減――やるべきことを減らす

第4章 余裕——心地よいペースで働く

5年計画を立てる 176
「これくらいかかる」の見積もりを2倍にする 178
1日の作業量を半分にする 180
うまくいかない自分に寛容になる 183
行動プラン5：季節の変化を取り入れる 185
オフシーズンを設定する 190
10か月働いて2か月休む 194
小さな季節の変化を作る 199
column 『オン・ザ・ロード』は3週間で書き上げられたのか？ 205

第5章 洗練――クオリティにこだわり抜く

行動プラン6：芸術家の創作環境に学ぶ 209
自分らしい作業空間をデザインする 211
自宅の外に仕事場を設ける 214
儀式で心を整える 218

パート1

ニセモノの生産性

第1章

生産性のウソを暴く

1995年の夏、CBSテレビのエンターテインメント部門長に就任したレス・ムーンヴェスは、広大なスタジオビルの中をせかせかと歩きまわっていた。苛立ちが隠せない様子だった。まだ午後3時半だというのに、オフィスはがらんとして、大半の席は空っぽだ。社員はいったい何をやっているんだ？

ムーンヴェスは頭にきて、社内向けに強い口調の通達を出した。

「そんなことだからずっと業界3位に甘んじているんだ。ライバル社の社員は金曜の午後3時半には必死で仕事をしているはずだ。私がリーダーになったからには、もう怠惰は通用しない！」[1]

このムーンヴェスの態度は、よくある20世紀的な生産性観の典型例だ。

「仕事」とはオフィスで机に向かってやるもので、長時間働いたほうが大きな成果が出る。充分な成果を出させるために、マネジャーは社員のケツを叩かなくてはならない。ちょっとでも目を離すと、みんな怠《なま》けて最低限の仕事しかしないからだ。成功する企業とは、すなわち社員が猛烈に働く企業である、などなど。

でも、こういうイメージはいったいどこから来たのだろう?

頑張って働くほうが成果が出るのは当たり前じゃないか、と思うかもしれない。僕らはずっとそう言い聞かされてきたからだ。でも少し丁寧に見てみると、話はそう簡単ではないことに気づく。

知的労働についていえば、「成果を出す」というのがそもそも何を意味するのか、みんなよくわかっていない可能性があるのだ。

「生産性」とは何なのか

生産性にはウンザリだ、という風潮が世の中でどんどん高まるのを目にした僕は、ちょっとした調査をしてみることにした。どうして急に、生産性は嫌われものになったのだろう？　この変化の背景を、きちんと理解したいと思ったのだ。

調査に参加してくれたのは700人、その大半は知的労働者だった。

最初の質問は「あなたの仕事の分野で、〈生産性が高い〉とは具体的にどんなことを意味しますか？」だ。

ごく簡単な、肩慣らし的な質問のつもりだった。ところが、集まった答えを見て僕はいささか驚いた。そこには、あるべきものが欠けていたからだ。

「顧客にとって有益なコンテンツやサービスを生みだすこと」（マイケル：企業幹部）

「ミーティングに出席し、実験を遂行し、査読論文を執筆すること」（マリアナ：研究者）

「礼拝で説教をするだけでなく、個々の信徒さんをケアできる能力」（ジェイソン：牧師）

「やると言ったことをやりとげる」（ジョージ：技術系管理職）

みんな仕事の内容については答えてくれるが、はっきりとした目標値がない。言い換えれば、生産性が高いか低いかを判断するための基準がない。

なかには量的な側面に言及している回答もあったが、多いほうがいいというような漠然としたものだった（ある大学勤めの研究者は「休む暇もなく年中仕事する」のが生産的だと答えた）。

回答に目を通していくうちに、ややもやとした疑いがしだいに明確になっていくのを感じた。

僕らが振りまわされている「生産性」という言葉には、一貫した定義すらないのではないか？

この言葉の不確かさは、個人の解釈のレベルにとどまらない。専門家でさえも、生産性の定義をうまく把握できていないのが実際のところだ。

マネジメント論の権威であるピーター・ドラッカーも、1999年の論文「知的労働者の生産性：最大の課題」のなかでこう認めている。

「知的労働者の生産性について、我々はまだ何も知らないに等しい」[2]

この現状をなんとかしようと、ドラッカーは知的労働者の生産性に関与する6つの要因をリストアップした。その中身はたとえばタスクの明確化や、継続的な学習とイノベーションなどだ。

しかし僕の調査結果と同じように、ドラッカーもやはり問題の核心にはたどり着けていないように見える。一般論として生産性に寄与しそうな要素を挙げているだけで、具体的な評価基準やプロセス改善に言及していないのだ。

数年前、ある雑誌のインタビューでバブソン大学のトーマス・ダベンポート教授にお会いしたことがある。

ダベンポート教授には以前から話を聞きたいと思っていた。知的労働の生産性というテーマに真剣に取り組んでいる数少ない研究者だからだ。2005年には著書『ナレッジワーカー』を出版し、知的労働の生産性向上を理論化しようとした。

しかし結局、この分野の進展の遅さに苛立ち、彼はもっと実績を上げやすい分野に移ってしまった。

「知的労働の生産性を測定している組織は本当に少ないんです」とダベンポートは言う。[3]

「いざ測定しようと決めても、たいてい些細な指標に注目しがちです。たとえば研究者なら、論文を何本書いたかが基準となり、研究の質は見逃されてしまう。生産性の理解は、現状かなり初歩的な段階にとどまっていると言わざるをえません」

ちなみにダベンポートは25冊の本を出しているが、『ナレッジワーカー』はそのなかでもっとも売れなかったそうだ。

いまや知的労働は経済のなかで非常に大きな割合を占めているというのに、その生産性を把握する共通基準すら存在しないのは、ちょっと異様だと思う。

ほかの分野では生産性は明確に定義されているし、その基準に合わせて仕事が設計されている。現代人の暮らしを支える急速な経済成長が可能になったのも、生産性をシステマティックに追求してきたおかげだ。

生産性という言葉が最初に使われたのは農業分野であり、その意味は明快だった。たとえば土地の生産性を求めるには、土地の単位面積あたりで生みだされた作物の量を見ればいい。この基準をもとに、面積あたりの収穫量を増やす方向で農家の人は工夫を重ねてきた。

生産性の明確な基準を定め、その数値が上がるように仕事のプロセスを改善する。一見すると地味な作業だが、そのおかげで生産性は飛躍的に上がった。

たとえば17世紀イギリスで発案されたノーフォーク農法（4種類の作物を輪作して土地の休閑期をなくす手法）も、まさにそうした定量的なプロセス改善によって生まれたものだ。ノーフォーク農法は穀物の生産量を急増させ、近代農業の幕開けとなる農業革命を引き起こした。[4]

18世紀にイギリスで産業革命が起こると、資本家たちは農業の生産性の考え方を工業に適用しはじめた。

農業でも工業でも、一定の資源を投入して、できあがった成果物の量を測定する点は変わらない。その過程で異なるプロセスを試し、同じ資源からなるべく多くの成果物が生みだされるようなやり方を取り入れていくのだ。

農家の人が土地の単位面積あたりの収穫量を追求するのに対し、工場の経営者はたとえば1時間あたりの労働で作られる自動車の数を追求する。農家の人が輪作システムを改善するのに対し、工場の経営者はベルトコンベアによる流れ作業で効率を上げる。

成果物は違っても、変化を推進する要素はどちらも同じ、生産性だ。

もちろん、数値目標を追求するやり方には問題もある。よく知られているように、工場でのライン作業は単調で面白みがない。また効率化のプレッシャーは、労働者の疲労や事故につながりやすい。

それでも生産性向上の威力はすさまじく、経済成長の波はそうした心配ごとを押しのける勢いで広がった。流れ作業はたしかに退屈だが、自動車王ヘンリー・フォードが191

3年にベルトコンベア方式を取り入れたおかげで、T型フォード1台を生産するのに必要な労働時間は12時間半から1時間半にまで短縮された。[5]

フォード自動車の大量生産技術は他を圧倒し、それから10年もしないうちに、アメリカの自動車の半数をフォード自動車が生産するようになっていた。[6] これほどのメリットを経営者が無視できるはずがない。

西洋における経済成長の展開は、そのまま生産性思考の成功物語だったといえるだろう。

ところが20世紀半ばになり、工場労働にかわって知的労働が台頭してくると、それまでのシンプルで計量可能な生産性の概念はすっかり影をひそめてしまう。

実際、無理もないことだった。頭を使う仕事に関していえば、農業や工業で成功をおさめた生産性の手法がうまく当てはまらないのだ。

理由のひとつは、作業のわかりにくさにある。

「科学的管理法」で有名なフレデリック・テイラーが20世紀初頭に製鋼会社の生産性改善に着手したとき、工場労働者の仕事は「鉄鋼スラグをシャベルですくう」などの単純明快なシングルタスクだった。だから時間あたりの成果をきっちりと測定できたし、数値改善の手法も提案しやすかった。

テイラーはシャベルの大きさや形に改良を加えて、ひとすくいで運べる量を増やしつつ、肉体への負荷が大きくなりすぎない最適なバランスを探り当てていった(ちなみにテイラーの観察によると、作業効率を上げる最適量はひとすくいあたり9・5キロの重量だった)。[7]

知的労働者の仕事は、それほど単純ではない。

いくつもの複雑なタスクを抱え、作業の内容も刻々と移り変わっていく。たとえば取引先への報告書を書きつつ、自社ウェブサイトのアンケートを集めつつ、職場のパーティーの段取りを考えつつ、たったいま人事部から送られてきた社外向けステートメントを修正していたりする。

こんな状況では、そもそも何を測ればいいのかわからない。大量のタスクのなかから無理やり最重要タスクをひとつ選び出したとしても(たとえばダベンポートが示唆したように論文の本数だけを見るとしても)、雑多な業務の影響を考慮したうえでそのタスクの遂行能力だけを適切に評価するのは至難の業だ。

僕が昨年書いた論文の本数はあなたより多いかもしれないが、それはあなたが面倒な委員の仕事を引き受けてくれたおかげかもしれない。その場合、どちらがより生産的だといえるだろうか?

フォード自動車のように工程を工夫して全体の生産性を上げる手法も、知的労働にそのまま当てはめることはできない。

自動車の生産工程は厳密に決まっていて、組立ラインのどこで何をするかがあらかじめ明確になっている。ところが知的労働では、個々人の裁量で変わってくる部分が多い。どのソフトウェアを使うかは統一できても、仕事の割り振りや進め方を統一するのは難しい。誰とコミュニケーションをとり、どのように仕事を遂行するかは現場の判断にまかされている。

ピーター・ドラッカーは１９６７年の著書『経営者の条件』のなかで、次のように述べた。

「知的労働者の仕事を逐一管理することはできない。できるのは、せいぜい手を差し伸べることだけだ。知的労働者を監督するのはその人自身である」(8)

この言葉は業界に大きな影響を与えた。工場での厳密な管理体制は、オフィスにおいては「個人の生産性」に置き換わった。

知的労働者はやり方の正解がわからないまま、目新しいツールやライフハックをあれこれ試してなんとか仕事をこなそうと奮闘している。すべてが行き当たりばったりで、プロセスを改善しようにもやり方は各自バラバラ、工場のように「生産性を10倍にする」というのが何を意味するのかすらわからない。

ドラッカーも後になって、知的労働者の自律と生産性の向上が両立しがたいものだと悟ったようだ。１９９０年代にドラッカーと話したときのことを、ダベンポートはこう振り返る。

「ドラッカーもその難しさは自覚しているようでした。監督不在で各自やりたいようにやっているのに、どうやって生産性を管理しろというんですか？」

この問題は、知的労働の現場をひどく困らせることになった。効果測定の指標もない、介入すべき共通のプロセスもない。企業の管理職は、部下をどうやって管理すべきか頭を抱えた。さらに、やがてフリーランスや一人起業のような働き方が増えてくると、上司のいない働き手たちは自分自身を管理する方法がわからず途方にくれた。

業界を覆う不安のなかで出現してきたのが、次のシンプルな代替案だった。目に見える活動量を、生産性のおおまかな指標にすればいいのではないか？

たとえばオフィスを眺めると、部下がいつも机に向かっているのが見える。あるいはリモートだとしても、メールやチャットで頻繁に発言しているようだ。それを見れば、少なくとも部下が何らかの仕事をしていることは確認できる。目に入る回数が多ければ多いほど、その部下は会社に貢献しているように思われる。

フリーランスなど個人で働いている人も同じだ。朝から晩まで忙しく手を動かしていれば、それだけ自分が仕事をしている感じがする。

目に見える活動で生産性を判断する見方は、20世紀後半の主流の仕事観となった。だから僕らは週に40時間、狭いオフィスに集まって働いている（40時間とは本来、工場労働の肉体的負荷を制限するための上限値として定められた数字だ）。

メールに未読が溜まると後ろめたさを感じ、上司が近くにいると「忙しそうにしなければ」というプレッシャーを感じる。だから、集中力を必要とする「深い」仕事よりも、さくさくと完了のチェックをつけられる簡単な仕事ばかりを選ぶようになる。

成果がすぐに出ない仕事をしていると、心のなかで不安がふくらむ。その不安から逃れるために、ついメールの論争に首をつっこんでしまう。一人で思考の海にもぐって新たな戦略を探求するよりも、他人とくだらない議論をしているほうが、まだ何かやっている気になれるからだ。

僕の生産性調査に参加してくれたソーシャルワーカーのN氏は、「休憩もとらずに、一日中忙しく動きまわらなきゃならない」というプレッシャーを語ってくれた。

またプロジェクトマネジャーのダグ氏は、意味のある仕事をやっているかどうかよりも、「何かしら形のあるものを次から次へと作りだす」ことが仕事の目的になってしまったと嘆く。

生産性は明確な数値であることをやめ、あいまいで感覚的な代替品になってしまった。この変化は非常に重要だ。

ここで今後の議論のために、後者の生産性に名前と定義を与えておきたい。

> **疑似生産性（ニセモノの生産性）**
> 仕事の生産性を推定するために、目に見える活動量をおもな基準とする見方。

先の調査の回答者が「生産性」の定義をうまく答えられなかったのも、疑似生産性そのものが本来あいまいさを抱えているからなのだ。

それは明快に説明できるシステムというよりも、ぼんやりとした雰囲気に近い。慌ただしい動きによって醸《かも》し出される空気のようなものだ。定義もあいまいなら、その欠点もかなり見えにくい。

初期の知的労働者にとって、疑似生産性はそれなりにメリットのある道具だった。暑苦しい工場に一日中閉じ込められて金属のプレス加工をしているよりは、エアコンの効いたオフィスで忙しいふりをしているほうがよっぽどいい。

実際、疑似生産性による働き方はそれなりにうまくいっていた。何かがおかしくなったのは、ここ20年ほどの話だ。

そしていったん歯車が狂いはじめると、疑似生産性は深刻な被害を引き起こしていった。

なぜ僕らはこんなに疲れているのか

本章の冒頭で紹介したCBSテレビの話は、疑似生産性にとらわれた現代人の様子をよく表している。レス・ムーンヴェスは部下の生産性を上げるために、ぱっと目につく手段に頼った。もっと長時間労働しろ、ずっとオフィスにいろというのだ。

この例を取り上げたのにはもうひとつ理由がある。タイミングだ。

ムーンヴェスが怒って社内通達を出したのは1990年代半ば、疑似生産性という管理手法が静かに、そして急速に、その落ち目を迎えた時期だった。

きっかけは、そのころ職場にインターネットが普及したことだ。コンピューターが支給され、仕事中にインターネットにつながっているのが当たり前になってきた。電子メールという新たなツールが登場し（のちにスラックまで出てきて）、疑似生産性の指標である活動量を手軽にアピールできるようになった。

すると平均的な知的労働者の一日は、仕事そのものよりも「仕事をしているアピール」にどんどん費やされはじめた。

ひっきりなしにメールやチャットに反応し、仕事について一日中話しているが、肝心の仕事をする暇がない（レスキュータイム社が1万人以上のログデータを集めて分析した結果、知的労働者は平均で6分に1回はメールをチェックしているそうだ）。[9]

やがてノートパソコンやスマートフォンが普及して端末を持ち運べるようになると、この傾向はよりいっそう悪化した。もはや職場だけでなく、家でも仕事のメールをチェックしなければならない。昼でも夜でも、週末に子どものサッカーの練習試合を見ているときも、仕事は僕らにつきまとってくる。

コンピューターとインターネットはたしかに多くの新たな可能性を開いてくれたけれど、疑似生産性との相性は最悪だった。

そのせいで仕事のストレスは増大し、集中力は粉々に砕かれ、世の中はバーンアウトの危機に向かって一直線に突き進むことになったのだ。

いまやバーンアウトは、社会全体をゆるがす大問題だ。

コンサルティング会社マッキンゼーとNPOのリーンインが北米の知的労働者6万5000人以上を対象にしておこなった調査によると、バーンアウトを「つねに」または「頻繁に」感じている人の割合は近年急増している。[10]

続くギャラップ社の世論調査も、アメリカで働く人々が世界最悪レベルのストレスを抱えていると指摘する。ギャラップ社のチーフサイエンティストとして職場環境を研究するジム・ハーターは、ストレス値の増大と合わせて従業員の仕事負荷も上がっている点に注目し、「このままでは仕事と生活が成り立たなくなる」[11]と分析している。

詳しい統計を見るまでもなく、多くの人はそれをうんざりするほど感じていることだろう。僕がおこなった調査でも、職場のテクノロジーのせいで仕事の負荷が増えすぎているという意見が多かった。

戦略プランナーとして働くスティーブは、その経験を次のように的確にまとめている。

テクノロジーの恩恵によって、処理しきれないほど大量のタスクが日々のスケジュールに詰め込まれている気がします。それほど大量のタスクをこなしながら、納得のいくクオリティを保つのは不可能です。バーンアウトの一番つらいところはそこなんです。自分にとって大切なことなのに、忙しくてできない、まともにやるだけの余裕がない。情熱と関心と創造性を込めて仕事をしたいのに、やるべきことが多すぎてそれができなくなっているんです。


大学教授のサラも、こなしきれないほどの雑務が職場に侵入してくるのを感じていた。

「大量のメールのやりとり、スラックのチャット、急に飛び込んでくるズームの会議。こんな状態だと、私は（誰でもそうだと思いますが）じっくりと仕事に没頭できません。思考を深めて上質な論文を書ける環境とはいえません」

オンラインアシスタントをしているマイラは、仕事でさまざまな知的労働者をサポートする経験から、次のように語っている。

「みなさんとても忙しく働いているのですが、それでもやりきれないことが山ほどあって、もう優先順位がわからなくなっているようです。とにかく片っ端からこなしていって、なんとか前に進めればという感じです」

これらの証言には絶望感すら漂っている。

工場で使われていたような確固とした生産性の指標は、形のない知的労働にはうまく適合しない（そもそも定量的な生産性アプローチ自体にかなり非人間的な側面があり、けっして望ましいものでもない)。

とはいえ、明確な基準を欠いた状態では、疑似生産性が唯一の現実的な選択肢になりかねない。そして疑似生産性が手軽なコミュニケーションツールやモバイル端末と結びついた先に待っているのは、けっして減ることのない仕事を永遠にこなし続ける悪夢のようなサイクルだ。

仕事は人生のありとあらゆる隙間に入り込み、僕らはそれをこなすのに精いっぱいで、自分が意味のあることをしているのかどうかもわからない。

でも、本当にそれが唯一の選択肢だろうか? 暗澹《あんたん》たる現実を仕方ないものとあきらめる前に、疑似生産性しかないという前提を疑ってみてはどうだろう。

ここでもう一度CBSテレビの話に戻り、レス・ムーンヴェスの頑固一徹なマネジメント姿勢がはたしてうまくいったのかどうかを確かめてみよう。CBSのストーリーを注意深く見てみると、知的労働で成果を上げるとはどういうことなのか、より解像度の高い理解につながるヒントが浮かび上がってくるはずだ。

見せかけのハードワークはもう必要ない

結果からいうと、ＣＢＳテレビはその後大きく持ち直し、ライバル社を追い越して、視聴者数トップの座に長く君臨することになった。ただしその原因は、ムーンヴェスの根性論とは別のところにあるようだ。

ＣＢＳの逆転劇を可能にした真の理由を知るためには、まだ無名だったアンソニー・ズイカーという人物の粘り強い努力に目を向ける必要がある。

１９９６年、当時26歳のズイカーは、ラスベガスのカジノ客をホテルからホテルへと輸送する無料トラムの運転手をしていた。時給はたった８ドル。あまり楽しいとはいえない仕事だった。

10代の頃には、ぐいぐい読ませる文章力で家族や友人から一目置かれていた。でも今では無言でホテルを往復するだけで、文章を読んでもらう機会などどこにもなかった。作家ビル・カーターはテレビ業界の内実を描いた著書のなかで、当時のズイカーが「せっかく

の才能を生かせるチャンスがなく、鬱屈《うっくつ》した日々を過ごしていた」と語る。(12)

そんなズイカーに転機が訪れたのは、役者のオーディションを受ける友人のために短い一人芝居の台本を書いてあげたときのことだった。

オーディションを見ていたハリウッドのエージェントが台本を気に入り、ズイカーを見つけだして、映画の脚本を書いてみないかと持ちかけたのだ。

ズイカーはさっそく脚本術のテキストを買い、映画『デスリミッツ』の脚本を完成させた。ギャンブル依存の主人公がマフィアの運び屋になる物語だ。この脚本はそれほど高く売れたわけではないが、ズイカーの存在を業界に知らせるきっかけとなった。

ちょうど有名映画プロデューサーのジェリー・ブラッカイマーが、自身の制作会社でテレビ部門の強化を狙っていたところだった。制作会社のスタッフはズイカーに連絡し、テレビシリーズの企画を出すように言った。ズイカーはディスカバリーチャンネルの犯罪ドキュメンタリーに着想を得て、『ロー＆オーダー』のような警察ものにハイテク技術を組み合わせた科学的犯罪捜査ドラマの企画を提案した。

制作会社はこの企画に興味を示し、パイロット版の脚本を書いてほしいと言ってきた。ズイカーは説得力のある脚本を書くために、ラスベガス警察の捜査に同行して現場の密着取材を始めた。

ある現場では、捜査官がズイカーに寝室のカーペットを調べるよう指示した。証拠を採取するためのコームを持って床にかがみ込むと、ふいにドラッグでよどんだ2つの目が視界に飛び込んできた。ベッドの下に容疑者が隠れていたのだ。その鋭い爪がズイカーに襲いかかる寸前、捜査官がすばやく容疑者を取り押さえた。

「テレビドラマみたいだ」とズイカーは冷や汗をかきながら笑った。[13]

充分な取材を終えると、ズイカーはテレビ局に出向いてみずからドラマの企画をプレゼンした。ABCテレビの重役がずらりと並ぶ前で、ズイカーは臆する様子もなく「魔法のような」プレゼンを繰り広げた。[14] 部屋中を飛びまわって物語を再現し、キャラクターたちを生き生きと演じた。

ところが予想に反して、企画は却下されてしまった。

ここまできて引き下がれないと思ったズイカーは、自分で制作会社を立ち上げることにした。科学的犯罪捜査ドラマを実現する、そのためだけに作った会社だ。

ドラマ企画はまもなくCBSの役員を務めるニナ・タスラーの目にとまったが、その後もズイカーはパイロット版の脚本を三度にわたって徹底的に書き直し、テレビ放映に向けてクオリティを高めていった。タスラーはこうしてできあがった脚本をムーンヴェスに見せた。

しかしムーンヴェスはどうも面白さがわからんと言って、企画をペンディングにした。ズイカーとタスラーはあきらめず、有名ディレクターのビリー・ピーターソンを味方につけて、ドラマの魅力をムーンヴェスに伝えてもらった。

絶対に行ける、というピーターソンの熱弁を受けて、ムーンヴェスもようやく重い腰を上げた。ＣＢＳはパイロット版制作の予算を承認した。

そこからも、道のりは順調だったわけではない。パイロット版の完成は遅れ、社内試写会でのＣＢＳ役員の反応は思わしくなかった。なかでもムーンヴェスは、ストーリーが難解すぎると首を振った。

「もう一度じっくり考えて、作り直してみたらどうだ？」といわれ、制作チームは急ピッチで再編集を進めた。[15] もう時間の猶予はない。秋に放映を開始するためには、３か月後に開かれる広告主向け先行上映会に間に合わせなくてはならない。

結局、放映開始が決まったのは秋の番組表が公開される直前、ぎりぎりのタイミングだった。金曜夜の放映枠をトニー・ダンザのホームコメディーと争っていたのだが、ムーンヴェスが最後に直感で、ズイカーの犯罪捜査ドラマを選んだのだ。

ドラマの正式タイトルは『ＣＳＩ：科学捜査班』に決まった。

2000年秋に放映開始されたこのドラマはすぐに大反響を呼び、世界中で長く愛されるシリーズとなった。同じ時期に放映開始されたリアリティ番組『サバイバー』の成功もあり、CBSテレビの視聴率は一気に全米トップへと駆け上がった。[16]

＊

CBSの逆転劇は、生産性についての新たな視点を与えてくれる。

ムーンヴェスは従業員が真面目に会社で机に向かっていれば業績が上がると思っていた。でも実際に成果を上げたのは、もっと風変わりでクリエイティブな働き方だった。

3年以上かけてアイデアを育み、すばらしい作品を生みだすために何度も挑戦しつづけたズイカーの尽力は、上司の目に見えづらいところでひっそりと進んでいた。[※1]

ズイカーは毎日オフィスに顔を出したわけでもないし、際限のない会議に律儀に出席して自分の存在感をアピールしていたわけでもない。『CSI：科学捜査班』の企画を練り上げるあいだ、ズイカーの姿はほとんど周囲から見えないこともあった。

数年単位のスケールで見れば、ズイカーの生産性がすばらしく高かった事実には疑いがない。たとえ彼が1999年に1か月休んでいたとしても、2000年に大ヒットを飛ばしてテレビ局を救ったのなら、誰も彼の勤怠など気にしないはずだ。

ジョン・マクフィーがピクニックテーブルの上でじっと記事ができるのを待っていたように、ズイカーの仕事もまた、慌ただしいハードワークとは異なる生産性のありようを示している。その魔法は、もっと長いスパンで立ち現れる。

テクノロジーを駆使して次から次へとタスクをこなす疑似生産性に比べると、その進みはむしろ「のんびり」しているくらいだ。

有意義で価値のある成果は、スローな働き方から生まれてくる。

※1：ズイカーの企画が最終的に実現するためには、その成功を信じて賭けたCBSのニナ・タスラーの尽力が必要だったことはいうまでもない。タスラーの多大な貢献もまた、残業や忙しさアピールとは無縁のものだった。長年の経験で培われたクリエイティブな直感がものを言ったのだ。大ヒットを生みだすのはこの種の英断であり、長時間残業で頑張り感を出すことではない。

第2章 もっといいやり方を見つける

マクドナルドは1986年、イタリアのローマに、客席数450以上の大型店舗を出店すると発表した。出店予定の場所はスペイン広場、優雅な石づくりの階段が印象的な観光名所だ。

イタリア人はこのニュースに眉をひそめた。地元の議員たちが出店を中止させるために動きだし、その近辺にアトリエを持っていたファッションデザイナーのヴァレンティノ・ガラヴァーニも、ハンバーガーの匂いで洋服が台無しになると苦言を呈した。

「何が不愉快かって、我々の生活がアメリカ化されることですよ」と映画監督のルチアーノ・デ・クレシェンツォは言う。[1] ローマ市長はやがて道を覆いつくすであろうハンバーガーの包装紙を駆逐するために、臨時のゴミ処理部隊を編成しはじめた。

この騒ぎのさなかに、活動家でジャーナリストのカルロ・ペトリーニが新たな運動を立ち上げた。その名も、スローフード運動だ。

スローフード運動のマニフェストから引用しよう。[2]

慌ただしさを効率と勘違いしている一部の人（いや、大多数の人というべきか）に対する処方箋として、きちんと味わう喜びを提案します。ゆっくりと時間をかけて食を楽しみましょう。

スローフードの運動は食卓から始まります。味気ないファストフードに見切りをつけて、地元料理の豊かな味わいとその多様さを再発見しようではありませんか。

スローフード運動はまもなくイタリア全土に広がった。地元でとれる旬の食材を、時間をかけて、仲間と一緒に楽しむのがスローフードの食べ方だ。

さらに小学校で地元の食べ物について教えるカリキュラムを取り入れたり、カンパニア地方の香り豊かなアプリコットなど、地域の特産品を守る取り組みもおこなわれるようになった。[3]

1996年には各地の伝統食を楽しむサローネ・デル・グスト（味の見本市）がトリノ

で初開催された。今も隔年で開催され、20万人以上が集まり1500種類のブースで多様な食を味わえる一大イベントとなった。[4] スローフード協会は現在、世界160か国に支部を展開している。

表面的に見れば、スローフード運動は食にこだわる人のためのニッチな運動に思えるかもしれない。イタリア産アプリコットを使った料理の奥深さなど、一部の好事家《こうずか》の趣味ではないかと。正直なところ、最近まで僕もその程度の認識だった。

でも知的労働と疑似生産性をめぐる問題に取り組みはじめたとき、「時間をかけて味わう」というスローフードの姿勢は、意外にも自分のなかに大きな居場所を見つけることになったのだ。

「遅さ」が見直される理由

スローフードの世界を覗《のぞ》いてみる気になったのは、まさにその「遅さ」に興味をそそられたからだ。それは疑似生産性の対極にある概念を表しているように思える。

以前から、スローフードの背景についてはいくらか聞きかじっていた。マクドナルド、ローマ、時間のかかるディナー。そんな食事の比喩を使えば、現代のファストな働き方に対抗する議論をうまく進められるのではないかと思った。

しかし提唱者カルロ・ペトリーニについて調べるうちに、スローフード運動には食事の話にとどまらない意義があることがわかった。その根底には、2つの深い思想が流れていた。そこにあるアイデアは静かながらも革新的で、現代の「過剰さ」に対抗するさまざまな試みに適用できそうだ。

第一のアイデアは、魅力的な代替案を提供すること。

スローフード運動を起こす前、カルロ・ペトリーニは、左派の仲間たちの陰鬱としたムードにげんなりしていた。みんな悲観的に社会の問題を批判するばかりで、希望が感じられない。

辛辣《しんらつ》にシステムを批判すれば束の間の満足感は得られるかもしれないが、社会に持続可能な変化をもたらすためには、もっと楽しくて前向きになれるような代替案が必要だ。ペトリーニはそのように考えていたので、マクドナルドが進出してきたときも、単に巨大企業の悪しき力を批判するだけではだめだと思った。

もっと魅力的な食生活を提案して、人々が自然とファストフードから離れるように仕向けたほうがいい。「他人のために苦しむ人は、自分の人生を楽しむ人よりも世の中にとって有害だ」とペトリーニは言う。[5]

第二のアイデアは、過去の文化的イノベーションを活かす姿勢だ。社会運動をしていると、今までにないやり方でまっさらな未来を作りたいという欲求に駆られることがある。でもペトリーニは、人々が代々試行錯誤を重ねて作りあげた「伝統的な」食文化こそが、ファストフードへの有効な対抗策になると見抜いていた。

スローフードとは単に時間をかけて食べることではなく、何百年前から続いてきた食文化を守る試みでもある。ただ新鮮な食材を使うだけでなく、ひいおばあちゃんが作っていたような食事を受け継ぐという意味がある。長年の試練に耐えて生き残ってきた文化的伝統は、新奇なだけの試みよりも人々の心をつかみやすいはずだ。

作家マイケル・ポーランはスローフードについてまとめた2003年の記事のなかで、初めはこうした伝統重視の姿勢をうさんくさく感じたと率直に語っている。

「スローフード派なんて懐古趣味の気取った食通だと思っていたし、フードシステムについて連中が言っていることなど、SUV車をめぐる議論に馬車の愛好家が口を出す程度の意味しかないと思っていた」

しかしペトリーニの革新的な活動を知るにつれて、見方が変わってきた。

スローフードが過去に目を向けるのは現在から逃避するためではなく、よりよい未来を創るアイデアを見つけるためなのだ。ポーランは当初の懐疑的な態度を撤回し、スローフード運動が「環境とグローバリズムをめぐる議論に真剣に貢献する動きである」と認めた。[6]

魅力的な代替案と、**伝統の再発見**。この2つのアイデアには、食文化を超えて広く適用できるポテンシャルがある。

多くの人を動かすためには、やみくもに新しさを主張するだけではだめなのだ。

スローフード運動の成功を受けて、その精神を文化のさまざまな側面に活かそうとする新たなスロー運動が次々と登場してきた。

ジャーナリストのカール・オノレイが、2004年の著書で各種のスロー運動についてまとめている。

たとえばスローフードと同じくイタリアで始まったスローシティ運動。これは歩行者中心の都市設計によって、地元のビジネスを支援し、暮らしやすい街をつくる試みだ。またスロー医療は病気の診断だけにこだわらない包括的なケアを推進し、スロー教育は厳しい試験や能力別クラスのプレッシャーから子どもたちを解放することをめざしている。

最近では、ユーザーの感情を煽《あお》り立てるだけの粗悪な記事のかわりに、もっと質の高い記事を提供しようというスローメディア運動も出てきている。[7]

ハリウッド的な映画に対抗して、わかりやすい物語に頼らず複雑な現実を描こうとするスローシネマ運動もある。そこでめざされているのは、単に派手な刺激に反応するのではなく、より長いあいだ集中してじっくりと人間を理解するような映画鑑賞のあり方だ。

ペトリーニの故郷であるブラの市長は、スロー運動について次のように説明する。

「当初はよりよく食べる、よりよく飲む、といった、こだわりのある一部の人のための運動だと考えられていました。しかし今では、より人間的なやり方で、ゆとりある暮らしをしようという、非常に広範な文化的議論になっています」[8]

食べ物、都市、医療、教育、メディア。適用分野は違えど、あらゆるスロー運動は**現代人にゆとりある持続可能な選択肢を提供する**という、ラディカルで効果的な戦略の上に成り立っている。知的労働について考えていた僕の頭には、自然と次のような考えが浮かんできた。

現代の忙しすぎる職業人を救うために必要なのは、過剰な働き方を批判したり新奇な政策を打ち出したりすることではないのかもしれない。

生産性の概念そのものを、もっとスローに捉え直すべきなのだ。

もうひとつの生産性を求めて

新型コロナのパンデミックを経て、知的労働者の働き方は大きな転機を迎えている。2020年に一気に広まった在宅勤務とオンライン会議は、それまで当然だと思われていたビジネスの前提を揺るがした。毎日通勤して会社の机に向かっていなくてもいいという体験は、少なからぬ人に今までとはまったく違う働き方の可能性を思い描かせることになった。

こうしたスタンスの変化をよく表しているのが、オフィスへの回帰をめぐる経営者と従業員との対立だ。2022年春、アップルのティム・クックCEOが週に3日以上の出社を義務づける方針を発表すると、従業員からはすぐに激しい抗議の声が上がった。従業員の連帯組織「アップル・トゥギャザー」は、ティム・クックに次のようなオープンレターを送っている。

「私たちを小学生のように扱うのはやめてください。いつどこにいて何の宿題をやれと、いちいち指示される必要はありません」[9]

従業員の強い抵抗を受けて、クックは出社の義務づけを何度か延期せざるをえなくなった。最初の発表から1年が経った今も攻防は続いている。[10] 最近では出社を拒否する従業員に対して、懲戒処分の可能性までちらつかせるようになった。この問題について、僕はニューヨーカー誌の記事にこう書いた。

「アップルの従業員は、単に通勤に抵抗しているのではない。パンデミックが切り拓いたチャンスを利用し、現代の職場を縛る恣意的なルールを問い直す闘いの最前線に立っているのだ」[11]

仕事に対する人々のスタンスの変化は、週4日労働への関心の高まりにも表れている。2023年2月、イギリスで週4日労働の試験運用に関する報告書が発表された。BBCの報道によると、60社以上が参加した試験運用の結果は圧倒的にポジティブだった。参加企業の9割以上が、少なくとも当面はこのまま週4日労働を続けたいと回答している。[12]

アメリカではマーク・タカノ議員が、公正労働基準法に定める標準労働時間を週40時間から32時間に短縮する法案を提出した。この法案は残念ながら採用されなかったが、ロウズやキックスターターなど、独自に勤務時間の短縮を試みている企業もある。[13]

企業のこうした動きは歓迎すべきだし、必要なことだと思う。知的労働の現状は、無意味な慣習や、古いタイプの労働から引き継がれたやり方にとらわれすぎているからだ。

とはいえ、それだけではどこか物足りなさも感じる。

在宅勤務や週4時間労働はたしかに疑似生産性の副作用を緩和してくれるけれど、問題の本質に向き合っているわけではないからだ。それはたとえば、ファストフード文化の拡張に対して、「マクドナルドはもっと栄養価の高いフードを売れ」と主張するのに似ている。健康への悪影響をいくらか減らすのには役立つかもしれないが、食事の時間を節約させようとする文化そのものを問い直すことにはならない。

スローフード運動が教えてくれるように、知的労働者を襲うバーンアウト危機に対処するためのより持続可能な方法は、魅力的な代替案を示すことだ。そのためには、単に疑似生産性の弊害を抑えるのではなく、生産性そのものに対する新たなアプローチを提案する必要がある。

では、疑似生産性に代わるアプローチとはどんなものだろう?

ここでペトリーニの第二のアイデアが活きてくる。時の試練に耐えてきた伝統に学ぶ姿勢だ。

知的労働を単に会社でパソコンを操作するイメージで捉えるなら、伝統から学ぶことなんて何もなさそうに思えるかもしれない。スローフードの枠組みを当てはめるためには、知的労働を次のように定式化してみるといいだろう。

知的労働の一般的定義
人の認知的活動を通じて、知識が市場価値のある成果物に変換されるような経済活動。

この定義はプログラマー、マーケティング担当者、会計士、管理職など、一般にオフィスワークとされる職業に広く当てはまる。そして同時に、オフィスビルが建つよりずっと前の時代から続いてきた多くの知的職業も包含《ほうがん》している。たとえば作家、哲学者、科学者、音楽家、劇作家、芸術家などだ。

伝統的な知的職業が、一般的なオフィスワークよりも高尚なものと捉えられがちなのは事実である。たとえばプロの音楽家や、パトロンに支援されるルネサンス期の科学者は、企業の労務管理スタッフよりもはるかに柔軟に働き方を選べるだろう。そんな特権的な事例を見せられても意味がないと一蹴したい気持ちはわかる。

でも「パトロンがついていれば苦労はないよな」とツイートする前に、これらの職業から何が学べるかを考えてみてほしい。伝統的な知的労働者が僕らの興味を引くのは、まさにこの特権的にも見える自由があるからだ。この自由のおかげで、じっくりと試行錯誤するだけの時間と余裕を手に入れ、無理なく持続的に価値ある創作物を生みだすことができるのだ。

もちろん、本書の冒頭で紹介したジョン・マクフィーの働き方をそのまま真似できる人は多くないと思う。それは仕方ない。しかし重要なのは、仕事のスケジュールをそのままコピーすることではなく、そうした自由な働き方の核にある考え方を応用することだ。

裏庭のピクニックテーブルに2週間寝転ぶという行為を文字通りには実行できないとしても、マクフィーのエピソードは、困難なプロジェクトに取りかかる前に立ち止まってゆっくり準備する重要性を教えてくれる。

恵まれた職業の人をうらやむよりも、かれらの経験から学ぶことに注意をシフトしてみれば、現代人の仕事の苦痛を減らすための新たな生産性のビジョンが見つかるかもしれない。

好奇心をもって伝統的な知的職業を眺めると、マクフィーのようなスローな働き方の例はいくらでも見つかる。ケンブリッジ大学の北にある田舎町で微積分の理論をまとめあげたアイザック・ニュートンはその好例だ。

現代の例でいえば、ロンドンの彫刻家アナ・ルビンカム。彼女は無骨なスタジオのドアを静かな木立に向かって開け放ち、ひたすら石と向き合って作品に磨きをかける様子を動画で公開している。[14]

とりわけ僕が興味を引かれるのは、著名な作家が執筆のために風変わりな隠れ場所を見つける例だ。あとで詳述するが、映画『ジョーズ』の原作者ピーター・ベンチリーは暖房会社の奥に作業スペースを借りてこの有名なスリラー小説を執筆した。詩人で作家のマヤ・アンジェロウはいつも簡素なホテルのベッドに寝そべり、片肘をついた姿勢でレポート用紙にペンを走らせた。[15]

2022年になる頃、僕はそれまでの調査結果と思考をまとめて、スローフード運動の枠組みを使った疑似生産性への代替案を組み上げることにした。そして同時期に発表した記事のなかで、この構想を「**スローワーキング**」と名づけた。

アイデアの源を考えれば、この名前がいちばんしっくりくるように思えたからだ。

スローワーキング：古くて新しい仕事哲学

このあとのパート2では、スローワーキングの仕事哲学を詳しく掘り下げて論じていきたい。スローワーキングは知的労働者の生産性を理解するための、新たなフレームワークだ。増えつづけるタスクや、どんなに頑張っても追いつけない忙しさ、そんな疑似生産性の罠から抜けだすことをめざしている。

人間的で持続可能な働き方は、仕事だけでなく人生そのものを有意義に変えてくれるはずだ。

スローワーキングを真に習得すれば、仕事はたえまないプレッシャーではなく、豊かな意味を与えてくれるものになるだろう。重すぎる負担やストレスから解放され、より価値のある成果を生みだすことができるだろう。

その意義を理解するために、プロローグで紹介した定義をここで振り返っておきたい。

スローワーキング

持続可能かつ有意義なやり方で知的労働に取り組むための仕事哲学。以下の3つの原則に基づく。

1. 削減――やるべきことを減らす
2. 余裕――心地よいペースで働く
3. 洗練――クオリティにこだわり抜く

本書のパート2は、これら3つの原則に対応する形で3つの章に分かれている。各章ではまず、それぞれの原則の意図を説明し、なぜそれが持続可能な仕事と生活にとって不可欠なのかを論じる。そのうえで、各原則を実践するための行動プランをいくつか示し、現実の無秩序な仕事にそれらの原則をうまく適用する方法を紹介する。自分の仕事の文脈に置き換えて使えるような、具体的なアプローチが見つかるはずだ。

各章の途中にはコラムを差し挟み、議論を少し違った視点から批判的に検討していく。革新的なアイデアには、当然受け入れがたい部分も出てくると思う。その批判的な視点に立ちつつ、読者の疑問をできるだけ解消していきたい。

最終的には、読者が自分自身の体験を織り込みつつ、これらの行動プランをもとに独自の洞察と結論をみずから打ち立ててくれることを願っている。

スローフード運動にならって、各章にはさまざまな時代やジャンルの伝統的な知的労働者のエピソードを多く含めている。

作家ジェイン・オースティン、アメリカ建国の父と呼ばれるベンジャミン・フランクリン、地動説を唱えたガリレオ・ガリレイ。もっと最近の人物では、アメリカモダニズムの母と呼ばれる画家ジョージア・オキーフ、作曲家で俳優のリン＝マニュエル・ミランダ、詩人のメアリー・オリバーも登場する。

豊富なエピソードからアイデアを抽出し、現代の職場に適用できる実践的なアドバイスに落とし込むつもりだ。ただ、できれば物語の部分をまるごと楽しんでほしい気持ちもある。スローフード運動のペトリーニが言うように、忘れられた技巧を取り戻すための最良の方法は、実際にそれを生きた人々から学ぶことだ。

物語を味わいながら、表面的なテクニックだけでなく、燃え尽きない働き方の真髄を自分のものにしてほしい。

具体的な話に入る前に、ひとつはっきりさせておきたいのは、スローワーキングがあなたの向上心を否定するものではない、ということだ。

人はすぐれた仕事ができるとうれしいし、有益なものを生みだすことに深い満足を覚える。スローワーキングはそうした成果にたどり着くための、より持続可能な道を提供するものだと理解していただきたい。

アイザック・ニュートンが代表作『プリンキピア（自然哲学の数学的原理）』に含まれる諸概念を発展させるのに、どれほどの時間がかかったかを知る人は少ない（20年以上もかかっている）。人々が知っているのは、その本が出版されるやいなや、科学の世界を永遠に変えたという事実だ。アイデアの価値は生きつづけ、それを生みだすのにかかった長い時間はすぐに忘れ去られる。

偉大な達成をあきらめる必要はない。

人間らしいスピードでそれを達成すればいいだけだ。

＊

この本は知的労働全般の生産性について書いているが、とくに念頭に置いているのは、ある程度の裁量をもって仕事をしている人たちだ。

わかりやすい例としては、フリーランスや個人事業主、あるいは小さなビジネスを営んでいる人たち。そういう人は上司に押しつけられたわけではないのに、なぜか疑似生産性の罠にはまって苦しんでいる。だからこそ、自分で変えていける余地が充分にある。

もちろん自分で事業をしている人だけでなく、企業に勤めていて、仕事の進め方をある程度自分で決められる人たちもこの本のターゲットだ。

僕自身も大学に勤めているので、このカテゴリーに当てはまる。あるいは勤怠よりもアイデアが重視されるプロダクトデザイナーや、自分のペースで仕事を進められるリモートワーカーもここに含まれるだろう。

一方、オフィスで事細かに管理されながら働いている人たちは、本書の提案する戦略を完全に実行するのは難しいかもしれない。あるいは大量の患者に向き合う医師や、稼働時間に応じて評価が決まる新米弁護士など、時間が自由にならない仕事もあると思う。

将来的にはスローワーキングでそれらの分野の働き方も変わると思うけれど（将来のビジョンについてはエピローグを参照してほしい）、やはりどんな革命にも、はじめの一歩は必要だ。生産性の概念を書き換えるという大きな目標を達成するためには、まず自分で働き方を決められる人たちにフォーカスするのが理にかなっていると思う。

では、これらの目標と留意点をふまえて、具体的な議論を始めよう。

パート2

仕事の減らし方

第3章

削減――やるべきことを減らす

スローワーキングの第1原則

1811年の10月末、ロンドンの新聞にこんな広告が掲載された。

「女性作家による新作小説、来たる」

著者の名前はない。翌月掲載された2つめの広告では、著者名は「A婦人」とだけ記された。[1]

この新作小説のタイトルは『分別と多感』。A婦人とはもちろん、作家ジェイン・オースティンのことだ。

オースティンはデビュー作『分別と多感』を書き上げるまでに10年以上を費やし、多数の草稿を書きためていた。それが今、一見なんの前触れもなく、ふいに見事な作品に結実しようとしていた。

『分別と多感』はオースティンのめざましい作家生活の幕開けとなった。それからの5年間に発表された創作の豊かさは、近代の文学でも随一といえるだろう。『高慢と偏見』『マンスフィールド・パーク』という名作を立て続けに発表し、そして1815年に『エマ』を書き上げてから2年後、ジェイン・オースティンは41歳の若さで亡くなった。[2]

オースティンの目をみはるような生産性はどうして可能になったのだろう。一般にいわれるのは、多忙な社交生活のあいまにスキマ時間を見つけては、密かに文章モードに入ってその技術を磨いていたという説だ。

この見方を広めたのは、オースティンの甥《おい》のジェイムズである。オースティンが亡くなって50年以上が経った1869年、ジェイムズは彼女の作品を広い読者層に知ってもらおうと、美しい伝記を書きあげた。そのなかに次の一節がある。[3]

彼女がこれほどの仕事をなしとげることができたのは驚きである。ジェインにはひとり引きこもれる書斎もなく、執筆作業の大半を共用の居間で進めるしかなかった。次々と人がやってきては、あれこれ執筆の邪魔をする。

ジェインは使用人や訪問客に自分の仕事を悟られないよう、細心の注意を払っていた。彼女が作家であると知っていたのは、親しい家族だけだ。執筆には小ぶりな紙を使い、誰か来ればすぐに片づけられるように、あるいは手元の吸い取り紙で覆い隠せるようにしていた。

玄関と部屋を仕切る扉は誰かが開けるたびにキーキーと軋《きし》んだが、ジェインはあえてそれを修繕させなかった。誰かが近づいてくるのを、音で知らせてくれるからだ。

野心ある女性が、現実の制約とぶつかりながら密かに技を磨く。まるでオースティンの小説から抜けだしてきたような場面だ。

この話が人々を引きつけ、広く信じられているのも無理はない。メイソン・カリーの『天才たちの日課』など、最近の著作でもこの話は取り上げられているし、[4]ヴァージニア・ウルフも『自分ひとりの部屋』で次のように書いている。

「耳障りな軋みを、ジェイン・オースティンはむしろ好んでいた。誰かが入ってくる前に原稿を隠すことができるからだ」

　このエピソードはさまざまな意図で引用されてきた。たとえばウルフはこの話を引きながら、性別役割と自律的な知的活動について論じている。あるいはもっと単純に、あきらめなければ夢は叶うという話にされることもある。

　しかし生産性の文脈からこの話を見てみると、甥のジェイムズが描いたオースティンの姿は、やや不穏な影を帯びてくる。多忙なスケジュールのなかでスキマ時間を捻出し、よりいっそう多くの仕事を詰め込むオースティンの姿。それは現代人に要求される働き方そのものに見えないだろうか。

　あなたが『分別と多感』を書けないのは時間がないからではない。時間の使い方が悪いからだ。オースティンはたえまない来訪客の合間に居間で紙切れに小説を書けたのだ。あなたもやる気さえあればできるはずだ、朝5時に起きよう、ランチタイムを有効活用しよう！

　でもオースティンの暮らしをよく観察してみると、こうした語り方はあまり正確でないことに気づく。より多くの一次資料に基づく現代の伝記は、実際のジェイン・オースティンが多忙なスケジュールのなかで何もかもをこなすバリバリの生産性タイプではなかったことを示している。

むしろ彼女の生涯は、まったく異なる種類の生産性を体現するものだった。その仕事を可能にしたのは、スローな働き方だったのだ。

*

ジェイン・オースティンは18世紀後半、英国ハンプシャー州の田舎にあるスティーブントンという村の牧師館に生まれた。小さな農場暮らしのようなもので、牛の乳搾りや鶏の世話が日常だった。

一家は自分たちでパンを焼き、ビールを醸造した。子どもたちも夏には干し草をかき集め、ジャムやゼリーを煮て、秋には作物の刈り入れを手伝った。さらに牧師をしていた父親が家に少年たちを招き入れ、非公式な寄宿学校を始めたので、日々の雑務には少年たちの世話や食事づくりまで加わった。

オースティン家が労働者階級だったといえば嘘になる。クレア・トマリンが『ジェイン・オースティン伝』で述べているように、一家はいわゆる「疑似紳士階級」に属していた。[5] 疑似紳士階級とは「たいした土地や資産を持たないが、紳士階級の価値観をもって暮らそうとする」人たちである。

とはいえ、オースティンが自身の小説の登場人物ほど優雅な暮らしをしていなかったのは明らかだ。

瀟洒《しょうしゃ》な居間で訪問客を迎え、使用人が贅沢な食事を作ってくれる世界は想像のなかだけだった。彼女には日々やるべき仕事があった。オースティンは貪欲な読書家であり、父親の勧めもあって幼い頃から文章を書きはじめていたが、日々の家事と農場の仕事、それに少年たちの世話に手いっぱいで、本格的に創作に取り組む暇はほとんどなかった。

この状況が一変したのは1796年の夏、父親が寄宿学校を閉鎖すると決めたときだった。「おかげで献立作りや料理、洗濯、掃除、ベッドメイキングといった雑用が一気に軽減された」とトマリンは伝記に書いている。[6]

こうして手が空くと、オースティンは「すさまじく生産的な」期間に入った。2階で机に向かって執筆し、夜には家族に作品の草稿を読み聞かせ、後に代表作となる3つの小説の初期バージョンを生みだした。トマリンも指摘するように、オースティンが自身の文体を確立できたのは、騒がしい日常から引きこもる自由を手に入れたおかげだった。[7]

ところが数年後の1800年、この自由な期間は早くも終わりを迎える。両親がいきなりスティーブントンの家を手放し、リゾート地のバースに引っ越すと言いだしたのだ。

それからの10年間、オースティンは息つく暇もなく動きつづけた。生まれ育った家を離れて、慣れない土地での生活をなんとか回し、病気になった父親が亡くなるまで献身的に介護をした。仕事のリズムを奪われたオースティンは、すっかり書けなくなってしまった。

もしも1809年の決断がなかったら、オースティンの才能はそのまま世に知られることなく埋もれてしまっていただろう。

激動の10年間に疲れはてたオースティンはこの年、母親と姉のカサンドラ、それに友人のマーサ・ロイドと一緒に、チョートンという田舎町の質素なコテージに移り住んだ。このコテージは兄のエドワードが所有する敷地内に建っていた。エドワードは子どものいない親戚から相続人に指名され、広大な土地を相続していたのだ。

オースティンの仕事にとって決定的だったのは、それまでの困難やしがらみにうんざりして、チョートンでは社交界から距離を置こうと決めたことだった。

簡単な決断ではなかったと思う。ほんの100メートル先には、兄のエドワードが住む立派な屋敷があった。地主である兄のもとには日夜おおぜいの人が集まり、華やかな社交を繰り広げていたはずだ。

でもオースティンは関わろうとはしなかった。トマリンによれば「ダンスもなく、ディナーにもめったに顔を出さず、もっぱら家に引きこもって過ごしていた」。[8]

そのころ70代になっていた母親は、作業着を着てコテージの庭いじりに精を出した。そしてチョートンの家では、最年少のオースティンはほとんど家事をしなくていいという取り決めになった。家族の朝食だけは用意するけれど、そのほかの時間はずっと執筆に専念していればいい。「カサンドラとマーサが家のことをしてくれたので、オースティンは家事全般から解放される幸運に恵まれた」とトマリンは書いている。[9]

質素なコテージに引きこもり、ふいに家事からも社交の重荷からも解放されたオースティンは、創造的に思考し執筆するための時間と余裕をついに手に入れた。

このコテージで、通りを見下ろす窓辺の簡素な机に向かい、オースティンは『分別と多感』および『高慢と偏見』の原稿を一気に完成させたのだ。それが終わると、さらに『マンスフィールド・パーク』と『エマ』の執筆を進めていった。

家の仕事を完璧にこなしながら、たえまない中断の合間に居間でせっせと小説を書きあげた健気な女性という従来のイメージは、実情とはかなり異なっていたことがわかる。オースティンの生涯が示しているのは、忙しくても時間を有効活用すればなんでもできるという話ではまったくない。むしろその逆だ。

日々の忙しい雑務に追われるあいだ、オースティンはうまく創作ができなかった。

環境が変わり、やるべき仕事を大幅に減らして初めて、オースティンはその才能をよう

やく存分に開花させることができたのだ。※2

「仕事を減らしたほうがいい」という教訓は、「仕事ができる人は忙しい」という現代の直感と矛盾する。一般的には、多くの活動に手を出したほうが選択肢が広がり、いい結果につながりやすいと思われている。

しかし多忙な時期のジェイン・オースティンは、幸せでもなければ、これといった作品も書けなかった。そして逆に、忙しさから解放されたオースティンは、チョートンの静かなコテージで心穏やかに筆を走らせ、英文学の景色を一変させたのだ。

この教訓は生産性を再考するうえで重大な意味を持っている。スローワーキングの第1原則として、ここに定式化しておこう。

第1原則：削減 ―― やるべきことを減らす

やるべきことを大幅に減らし、すべて終えてもたっぷり時間があるくらいにしておこう。少数の重要な仕事に力を注ぎ、大きく前進しよう。

もちろん、口で言うのは簡単だけれど、これを実行するのはなかなか難しい。仕事をしていれば、忙しさは避けられないと感じることだろう。クライアントからのメールはどんどんやってくるし、上司はバカみたいに大量の仕事を押しつけてくる。上司のいない自営業者でも、収入が減るのが怖くて、つい無理な量の仕事を引き受けてしまう。静かなコテージでじっくりと執筆するオースティンの姿は、未読メールに日々押しつぶされる現代人からすると、現実離れしたおとぎ話に思えるかもしれない。

僕がこの章で伝えたいのは、それでも、削減をあきらめる必要はないということだ。**やるべきことは、減らせる。**現代の多忙な職場にあっても、工夫しだいでそれは可能だ。いかに仕事を選び、組み立てるかを、創造的に――ときにはラディカルに――考え直せばいいのだ。

続くセクションでは、ジェイン・オースティンの執筆活動と同様に、現代の知的労働においても仕事の削減が有益である（そして実行可能である）理由について論じていきたい。そのうえで、スローワーキングの第1原則を実行に移すための具体的な方法を紹介しよう。

※2：興味深いことに、ジェイン・オースティンが多忙な居間でせっせと執筆していたという神話とよく似た話が、『指輪物語』の作者J・R・R・トールキンについても語られている。トールキンの伝記を書いたレイモンド・エドワーズによれば、トールキンが第一次世界大戦の地獄のような塹壕のなかで初期作品『失われた物語の書』の前半部分を書いたという噂が広く信じられていた。この噂はのちにトールキン自身が否定している。トールキンは「そんな環境でまとまった文学作品を書くのは到底無理だ」と言い、まったく馬鹿げた話だと一蹴した。現実には、トールキンが『失われた物語の書』を書きはじめたのは、塹壕熱にかかって前線から引き上げ、イギリスの病院で療養していた時期だった。病院のベッドで、ちょうどオースティンがチョートンに移り住んだときと同じように、ふいにたっぷりと自由な時間が与えられたのだ。詳しくはレイモンド・エドワーズ著『トールキン』（未邦訳）を参照されたい。

知的労働者が絶対に仕事を減らすべき理由

2021年の春、大手金融機関HSBCのプログラムマネジャーを務めるジョナサン・フロスティックが、在宅勤務中に心臓発作を起こした。

このできごとが広く知られているのは、病院に搬送された彼が、あるメッセージをSNSに投稿したからだ。

ベッドに横たわる自身の写真と一緒に、「もしも生還できたら、絶対に変えようと思うこと」として挙げられた6つの決意。その内容は人々の心をつかみ、またたく間に拡散された。30万件近くのコメントが寄せられ、国際的なメディアにも取り上げられた。

僕がこの件に興味を持ったのは、フロスティックが最初の決意として「もうズームに一日中縛られたりしない」と書いたからだった。のちにブルームバーグのインタビューで語っているように、パンデミックが始まってからというもの、彼はズームのビデオ会議にかなり多くの時間を費やすようになっていた。それに引きずられて、労働時間はどんどん延びた。

「以前なら5時から6時半くらいには仕事を終えていました。それが金曜の夜8時になっても仕事が終わらず、くたくたに疲れた身体で来週の準備に取りかかる状態でした。やがて土日もずっと仕事に追われるようになりました」[10]

こんな経験をしたのはフロスティックだけではない。マイクロソフトが発表した労働トレンドレポートによると、**新型コロナのパンデミックが始まった年だけで会議の時間は2・5倍に増えた。仕事のチャットやメールの量も急激にふくれあがった。**「仕事における日々のデジタル負荷は大幅に増加している」とマイクロソフトは結論づける。[11]

統計を見るまでもなく、みんな肌で感じていると思う。2020年から2021年にかけて、僕のブログにも悲痛なコメントが届くようになった。

「会議に続く会議、に続く会議で、一日中ズームから離れられない」

「会議の隙間の休憩時間はすべてスラックのチャットで埋め尽くされている」

こうした声は高まる一方だった。僕はこの現象を「ウェブ会議の終末世界」と名づけた。要するにフロスティックが心臓発作で倒れたのも、そのとき真っ先に思いついたのがウェブ会議の地獄から逃れる決意だったのも、なんら不思議ではないということだ。

しかし、そもそもの話、なぜ世界はこんな状態になってしまったのだろう？

＊

知的労働者が何か仕事を引き受けるときには、それが軽いタスクであれ大きなプロジェクトであれ、かならず「間接コスト」がかかってくる。間接コストとは、本来の作業を進めるために必要な周辺作業のことだ。

たとえば、情報をすり合わせるためのメールのやりとり。同じ仕事に関わっている人たちとのミーティング。こうした間接コストは、新しい仕事をひとつ引き受けるたびに発生する。

やることリストが増えれば、そのぶん間接コストも積み重なる。増大する間接作業は限りある作業時間をどんどん食いつぶし、本来やるべき仕事に取り組む時間がなくなってしまう。

仕事量が適切であれば、ちょっと煩《わずら》わしい程度ですむかもしれない。どうも仕事が思ったように進まないな、とストレスを感じる程度だ。

でも仕事量が増えてくると、やがて間接作業のコストが臨界点を超える。するとタスクを管理するための作業が1日のスケジュールの大半を占めるようになり、既存のタスクを終わらせるだけの時間がとれなくなる。そこからは負のスパイラルだ。

やるべき仕事はどんどん積み重なり、何ひとつ前に進まず、間接作業だけで1日が終わっていく。会議に続く会議、そのバックグラウンドでひっきりなしに流れてくる新着メールやチャット。

本来の仕事ができるのは業務時間外だけだ。夜間や早朝、週末をつぶしてなんとか仕事を進めるしかない。今までにないほど忙しいのに、進捗はもう絶望的だ。

このようにして「ウェブ会議の終末世界」は進行する。なぜそうなるのかを理解するために、パンデミックが知的労働の何を変えたのかを振り返ってみよう。

新型コロナの危機はさまざまな経済セクターに異なる影響を与えた。知的労働についていえば、もっとも大きな変化は在宅勤務への移行だった。それにともない、オフィスの仕事をリモートに適合させるための雑多なタスクがとつぜん押し寄せてきた。

たとえば僕は大学教授をしているので、大急ぎで授業をオンラインに移行する必要があった。とりあえず安物のタッチペン付きタブレットを買ってきて、ホワイトボード代わりにズームで共有しようとしたけれど、性能的にどうも使えるレベルではない。結局はアップルペンシルを購入し、アプリを片っ端から試してなんとか授業ができる形にこぎつけた。

オンラインでの課題提出に対応するため、カンヴァスというeラーニング管理ソフトも重い腰を上げて導入した。個々の作業はたいして難しくないのだが、ふいにいっぺんにやってきて、緊急対応を余儀なくされたわけだ。

似たような経験をした人は多いと思う。パンデミックによって仕事の中身が大きく変わったわけではないけれど、仕事をするための雑多な間接作業がとつぜん急増する例だ。リモートへの移行はまた、共同作業の効率を低下させて、チーム内の意思疎通にかかるコストを増大させた。

たとえばプロジェクトについてちょっと相談したいことがあるとき、同じオフィス内で働いているなら、暇そうなタイミングを見計らって5分ほど話をすればいい。たいていの疑問はそれで解決する。ところが在宅勤務の場合、いちいちズームの会議を設定してカレンダーの予定を調整しなくてはならない。臨機応変なコミュニケーションがとれなくなり、意思決定に遅れが生じてしまうことも少なくない。[12]

間接コストの増大は、それ自体を見ればそこまで大きな負荷ではない（僕の場合、オンライン授業のために新しい技術を学ぶ必要はあったが、授業を一から設計し直す必要はなかった）。それでも多くの人にとって、このささやかな負荷増大は、仕事が手に負えなくなる一線を超えさせるのに充分だった。

間接コストが一定のラインを超えたせいで、労働時間はどんどん増えるのに、いくら働

いても仕事が進まないという破滅的状況がやってきた。

この問題は、パンデミックの到来によってとつぜん始まったわけではない。その前から潜在的にあった問題を、パンデミックが明るみに出しただけだ。

実際のところ、2020年の春にリモートワークへの移行が始まったとき、多くの知的労働者はすでに管理作業を限界ぎりぎりで回している状態だった。間接コストがほんの少し増えれば、仕事が回らなくなるのは目に見えていた。リモートワークは最後のひと押しだったわけだ。

パンデミックの混乱がおさまり、破局をなんとかまぬがれたように見える今も、多くの人はふたたび綱渡り状態で働いている。ぎりぎり仕事を前に進めながら、またふとしたことでバランスが崩れて制御不能な暴走が始まるのではないかと不安を感じている。

＊

間接コストの限界をめぐるチキンレースが仕事に悪影響を与えることは、マネジメントの専門家でなくても直感的にわかると思う。より明確に理解するために、簡単な数字で考えてみよう。

たとえばあなたがコンサルで、顧客のために分析レポートを書くのが仕事だとする。ひとつのレポートを完成させるには7時間のコア作業が必要で、またその時点で抱えているレポート1件につき、毎日1時間分の間接コスト（メール、ミーティング、そこに振り向けられる脳のリソースなど）が発生すると仮定しよう。※3

一度にひとつのレポートだけにコミットし、それが完成するまでほかの案件をいっさい引き受けなければ、1日につき1件のレポートを書き上げられる（8時間労働として計算）。

一方、4つのレポートを同時並行で引き受けた場合、4つのタスクを合わせた間接コストは1日につき4時間だ。つまり1日の半分を実作業ではない管理作業に費やすことになり、レポート1件を完成させるまでの時間は実質的に2倍になる。

引き受ける仕事を減らしたほうが、アウトプットは明らかに増えるのだ。

本来の仕事に使える時間が増えるだけではない。やるべきことを減らせば、仕事をする時間の「質」も高まる。

あちこち燃え上がりそうな火を慌ただしく抑えながら働くとき、人の脳は自由に動けなくなる。視野が狭まり、発想の柔軟性が失われる。

一方、ひとつの作業に集中して取り組めば、断片的な注意力では思いつかなかったような冴えたプログラムや大胆な戦略を思いつきやすい。

これには生理学的・神経学的な理由があり、時間に追われて作業するときのコルチゾールの悪影響あるいは脳神経細胞間の豊かな意味的結合を育むのに要する時間といった側面から説明することは可能だけれど、退屈なので詳細は割愛する。科学に頼らなくても、自分の経験を振り返ればわかるはずだ。

急いでいないときのほうが、脳はうまく機能する。

ここまでの説明で、スローワーキングのよくある誤解も解けたと思う。

「やるべきことを減らす」という原則を「成果を減らす」という意味に勘違いする人は多い。

でも実際は、まったく逆だ。そもそも、やることリストが満杯だろうとゆとりがあろうと、1週間の労働に費やせる時間が大きく変わるわけではない。むしろリストが混んでいればいるほど、その時間を有効に使えなくなってくる。削減が重要な理由はここにある。

単に働きすぎると疲れるとか、持続可能でないとか、人生が殺伐とするだけではない（も

※3：間接コストの注意すべき特徴は、与えられた時間のぶんだけ増大する傾向があるということだ。ある仕事を引き受けるとそれは発生し、完了するまで消えない。その仕事を抱えているあいだずっと、打ち合わせやメール、脳内のスペース占領といった形で、継続的なコストが税金のようにかかってくる。

ちろんそれもあるけれど)。

やるべきことを減らしたほうが、うまく仕事ができるのだ。

少ないタスクに集中力を注ぎ、ひとつの仕事を完了してから次の仕事に取りかかる。そのほうが心理的に楽になるのはもちろん、経済面でも創造性の面でも、はるかにすぐれた結果につながる。客観的にいって、脳が価値あるアウトプットを生みだせるのは、仕事が少ないときなのだ。

いや、そうはいっても、今どきそんなゆとりある働き方が可能だろうか?

現代の知的労働の現場では、できるだけ多くの仕事を詰め込んで「効率」を追求するのが至上命令となっている。仕事を削減するなど、論理としては通っているかもしれないが、現実的なゴールにはなりえないようにも思える。

だから具体的な戦略を探る前に、まずそれが現代の職場にも適用可能であることを、ここでしっかり確かめておきたい。ジェイン・オースティンだけでなく、現代に生きる僕らにとっても、少ないタスクに集中する働き方はけっして不可能ではないはずだ。

*

ズーム会議に殺されかけたジョナサン・フロスティックの話を読んだとき、僕はその背後にある働き方の謎が気になって仕方なかった。

なぜみんな、間接コストが臨界点に達する寸前のラインで仕事を回しているのだろう？臨界点に遠く及ばない量の仕事だけ引き受けて、何か予定外のトラブルがあっても余裕を持って対応できる働き方は、少なくとも想像はできると思う。あるいは逆に、臨界点をすっかり超えてしまい、フロスティックのように仕事が制御不能になってしまう状態も容易に想像できる。

でも多くの人は、そのどちらでもない地点にいる。

自分の仕事量にある程度の裁量を持っている人たち、つまりナレッジワーカーや個人事業主、小規模ビジネスの起業家といった人たちは、完全に制御不能になるほどの仕事を引き受けるわけではないが、逆に仕事量にゆとりがある状態も避けたがる傾向がある。つねに間接コストで仕事が崩壊しないぎりぎりの線を保っているわけだが、これは仕事の設定値としては最悪に近い。

やるべきことが多すぎるという苦痛がつねにありながら、しかし思いきった改革をしなくてもなんとか回ってしまうレベルだからだ。

これまでこの問題は、階級間の対立の枠組みから議論されることが多かった。つまり僕らが過重労働に追い込まれるのは、上司や経営者が労働者から最大限の価値を搾り取ろうとするためなのだと。

しかし、この枠組みはもともと、厳密に管理された工場労働の文脈で作られたものだ。のちに時給労働のサービス業にも適用されるようになったとはいえ、さらにあいまいで自由度の高い知的労働に当てはめるには、どうも収まりが悪い。

オフィスや自宅でパソコンに向かって働く人の場合、仕事はストップウォッチ片手に生産性を測定する管理者から直接命じられるわけではない。もっと柔軟に、同僚や人事部やクライアントといった多方向から仕事の話を持ちかけられるはずだ。

またすでに見てきたように、知的労働のダイナミクスは肉体労働のそれとは異なる。工場であれば、長時間のシフトを強制することが直接的な利益の増加につながるかもしれない。でも知的労働では、無理やり大量の仕事を押しつけても、成果物の質と量は逆に低下する可能性がある。逆説的に聞こえるけれど、利益の最大化をめざす全能の管理者にタスクの割り振りを決めてもらったほうが、手持ちの仕事はむしろ少なくなるかもしれないのだ。

知的労働は本質的に、上から管理しづらいものである。この事実を受け入れたとき、僕らが直面している謎を解くための鍵が見えてくる。

その鍵とは、**自己管理**だ。

知的労働者は、仕事を断るべきタイミングをどうやって決めるのだろう？　現代のオフィスにおいては、仕事の負荷がその調整の目安になっているようだ。

そもそもオンライン会議の誘いを断るには、コストがかかる。同僚の仕事に支障が出るかもしれないし、自分勝手だとか怠け者だといって自分の評判が下がるかもしれない。それでも現時点での仕事の負荷が充分に大きければ、ある程度のコストは容認できる。これ以上引き受けたらやばいな、と確信できれば、多少迷惑をかけても断るしかないと思えるのだ。

このアプローチの問題点はもちろん、仕事の負荷が限界になるまで仕事を断れないところにある。

まだいける、と感じるうちは仕事を引き受けてしまうため、仕事はぎりぎりまで増えていく。すると間接コストが臨界点を迎える直前、あとひと押しであふれるという状態がデフォルトになってしまう。

なぜか仕事がいつも忙しすぎるのは、そういう仕事の引き受け方をしているせいなのだ。こんな状態で働いていれば、予期せぬ変化が起こったときに崩れ落ちるのも無理はない。

余裕があるうちは仕事を増やす、というスタンスで働いていたら、仕事の負荷はつねに危険域をさまよいつづけることになる。

実をいうと、この洞察は、かなりいい知らせだ。

忙しすぎる原因が**仕事管理法の副作用**であるのなら、もっといいやり方に変えていくことも可能だからだ。

本書の執筆のためにおこなった読者調査でも、希望のある結果が出ている。多忙な日々を送っていた知的労働者の人たちが、仕事の削減に成功しただけでなく、仕事を減らしたおかげで働きやすくなり、以前よりも成果が上がったと報告しているのだ。

たとえばコーチングの仕事をしているローラは、仕事を削減するために、提供するサービスを少数の主要なものだけに絞り込んだ。

「おかげで頭がすっきりして、クライアントとの絆が深まり、仕事の質も向上しました」と彼女は言う。

仕事がうまく回りはじめると、少ない労働時間で以前と同じだけの収入が得られるようになった。当初はワークライフバランスのために収入の低下もやむをえないと考えていたのだが、結果的に少ない時間で稼げるようになったのはうれしい驚きだった。

法学部教授のジェイソンも、仕事を削減してよかったと語っている。彼は専門家証人として依頼された重要な案件に集中するため、それまで猛烈なペースで発表していた論文執筆を一時中断することにした。

「じっくりと集中して事件に向き合い、不利な証言や反対尋問に対する準備を充分にしたおかげで、これまでのキャリアで最高の仕事ができました」と彼は言う。「学会でも今回のケースについて予備的発表をいくつかおこないましたが、これほど熱心な反響が来たのは初めてです」

仕事を削減したおかげで、キャリアが飛躍的に前進したのだ。

教員をしているオーレリアは、小中学校の教員にありがちな過重労働にうんざりしていた。そこでひそかに、一線を引くルールを採用することにした。

「無報酬の仕事はしない、自分の明確な職務以外の仕事には手を出さない」

これを実行してみたところ、まずいことは何ひとつ起こらなかった。今までずっと耐えてきた理不尽な作業は、絶対に必要なわけではなかったのだ。

ある匿名のコンサルタントは、勤め先の会社が「非請求時間」の制度を取り入れたおかげでキャリアが好転したと語ってくれた。これは顧客のために働く請求可能時間のほかに、各人が自分の好きな仕事に取り組むための時間を確保する制度だ。

「おかげで働き方が一変しました」と彼は言う。「新しい分野を学ぶ余裕ができて、視野が広がりました。仕事の楽しさをひさしぶりに思いだした気がします」

土木系管理職のニックは、週60時間労働のきつい現場を離れ、週30時間勤務の会社に転職した。以前よりもずっと職務が明確で、仕事量にも無理がない。

「労働時間は半分になったのに、仕事のアウトプットは前職とほぼ変わらないんです」と、ニックは少し驚いた様子で語ってくれた。

「少ない仕事に集中できているからだと思います」

ここまで見てきたように、過重労働はけっして必要悪ではない。それはむしろ、仕事の管理法がまずいせいで起こる副作用にすぎない。

また、自分のキャパシティ限界まで仕事を詰め込んでいると、実際に成果を出す速度は大きく下がってしまう。仕事を回すためだけの管理作業でスケジュールが食いつぶされ、注意力はぶつ切れになり、まとまった思考などとてもできなくなるからだ。

18世紀のジェイン・オースティンの教訓は、21世紀になってコンピューター画面を見つめる僕らにも当てはまる。

削減こそが、いい仕事をするための鍵なのだ。

ただし、その事実を認識するだけでは、働き方を根本から変えるのに充分ではない。知的労働の世界は、依然として疑似生産性の論理に支配されている。仕事を減らそうとするあなたの努力は、周囲の人の目にはただの怠惰と映るかもしれない。大量のメールやズーム会議の招待に埋めつくされた仕事環境で自由を手に入れるためには、かなり慎重で戦略的なアプローチが必要になる。

ではどうするか。その具体的な方法をいくつか紹介しよう。

行動プラン1：大きな仕事を制限する

スローワーキングの第1原則を実践する方法を考えるとき、過去の成功者の体験は貴重な情報源になる。たとえば、フェルマーの最終定理に挑んだ数学者アンドリュー・ワイルズはいい例だ。

フェルマーの最終定理は、17世紀フランスの数学者ピエール・ド・フェルマーが提唱した数学の難問である。一見簡単そうに見えるけれど、何世紀ものあいだ誰も証明できなかった。[※4]

科学ノンフィクション作家のサイモン・シンが、著書『フェルマーの最終定理』のなかで、その解決までの物語を見事に描きだしている。

物語のはじまりは1960年代。当時10歳のアンドリュー・ワイルズが、図書館でフェルマーの最終定理を紹介する本に出会う。ワイルズはひと目で数式に魅了された。「10歳の自分にも理解できる問題が、そこにはあった」とワイルズは言う。「それを見た瞬間から、絶対あきらめるものかと思った。きっと自分が解いてやるんだ、と」[13]

そして舞台は1986年に飛ぶ。プリンストン大学の教授になったワイルズは、数論の第一人者として名を知られていた。専門は楕円曲線で、すでに大きな発見をなしとげていた。そんなワイルズのもとに、ある日啓示が降りてくる。数論学者のケン・リベットが、フェルマーの最終定理と、楕円曲線に関する「谷山・志村予想」との意外なつながりを明らかにしたのだ。

谷山・志村予想を解くことができれば、フェルマーの最終定理も証明できる。それを知ったワイルズは息を呑んだ。自分の専門である楕円曲線論と、幼い頃からのあこがれであるフェルマーの最終定理が、ふいに目の前で重なりあったのだ。

「衝撃的でした。人生が大きな転機を迎えたのだと直感しました」とワイルズは言う。「幼い頃の夢が、今やまっとうな研究対象となったのです。もう後戻りはできないぞ、と思いました」[14]

さて、ここからがスローワーキングに関連する話だ。ワイルズはフェルマーの最終定理を証明するために、持てる力をすべて注ぎ込むことにした。彼がまず取りかかったのは、日々の仕事の削減だった。サイモン・シンの本から引用しよう。

> ワイルズはフェルマーの最終定理の証明に直接関係のない仕事をすべて放棄し、際限のない会議や議論に参加するのをやめた。プリンストン大学の教授としての務めはあったので、ゼミで指導したり学部の講義を受け持ったりはしていた。しかし大学の雑多な用事に邪魔されたくなかったので、可能なときはいつでも自宅の屋根裏部屋にひとり引きこもって仕事をした。[15]

とはいえ、プリンストン大学の教授であるからには、論文を発表しないわけにはいかない。何年も論文を書いていないのがばれたら、悪い意味で同業者の注目を集めてしまうだ

※4：フェルマーの最終定理とは、3以上の自然数nについて、$a^n+b^n=c^n$となるような3つの自然数（a、b、c）は存在しない、という定理である。

ろう。そこでワイルズは、ある巧妙な策略を考えだした。

1980年代前半の時期、ワイルズは楕円曲線論に関する大がかりな研究を地道に進めていた。完成した暁には、世間の注目を集める一大論文になる予定だった。

しかしワイルズは計画を変更した。フェルマーの最終定理に取り組む時間を稼ぐため、ほぼ完成していた論文を小さな部分に分割し、半年ごとに小分けにして発表することにしたのだ。

この見せかけの生産性のおかげで、同僚たちはワイルズが普段通り研究を続けていると思い込んでくれた。[16]

ワイルズが本格的にフェルマーの最終定理に取りかかったのは1986年だった。それから5年間、大きな仕事が降りかかってくるのをうまく避けながら、屋根裏部屋でこっそり仕事を進めた。

1990年代初頭、証明の完成が近づいてくると、楕円曲線の学会にいくつか顔を出して最新の動向を把握した。それからオックスフォード大学の客員研究教授の職につき、いっそう集中できる環境を手に入れた（客員研究教授には研究以外の仕事があまり課せられないため、集中して思考に没頭できる）。

そして1993年、探究を始めてから8年目に、ワイルズはケンブリッジのアイザック・

ニュートン研究所で連続講義を開き、完成した証明を披露した。講義の最終日には、噂を聞きつけたマスコミが教室の後ろをぎっしりと埋めていた。

証明の最後の数行を書き終えると、ワイルズは場違いなほど控えめに、こう言った。

「ここで終わりにしたいと思います」

カメラのフラッシュがいっせいに焚《た》かれた。

*

あなたが大学教授でないかぎり、ワイルズの行動ひとつひとつはあまり参考にならないかもしれない。でも一般化して考えれば、彼のアプローチから学べることは多い。

ワイルズはたったひとつの重要なプロジェクトに集中するために、その競合となるような仕事を減らした。重要なのは、システマティックに削減を実行したことだ。

ただ漠然と「仕事を減らそう」と決意したのではない。具体的なルールを定め（会議には出席しない）、習慣をつくり（自宅の屋根裏で働く）、巧妙な策略まで導入した（すでにできている論文を小出しに発表する）。ほかの大きな仕事が割り込んでこないように、万全の体制を用意したわけだ。

スローワーキングの第1原則を実行するためには、ワイルズの例にならい、**日々の仕事を少数に絞り込むシステム**を用意する必要がある。

そのための方法は色々考えられるが、なかでも僕が有用だと感じたアプローチを以下に紹介する。

仕事を規模別に**〈ミッション〉〈プロジェクト〉〈ゴール〉**の3つに分類し、それぞれに上限を設けるやり方だ。

仕事の規模別に制限を作ると、個々のタスクだけを見ているよりも成功率が高まる。たとえば大きなミッションがいくつもある場合、それに付随するプロジェクトの数を制限するのは難しい。同様に、進行中のプロジェクトが多すぎる場合、日々のタスクはどうしても過密になる。

ここからは3つの規模別に、仕事を削減するための具体的な方法を見ていこう。

ミッションは2~3個に絞る

「ミッション」という言葉はさまざまに使われるが、ここでは日々の仕事に役立つ実用的な定義に限定したい。「仕事で何を達成したいか」という具体的目標を、ミッションと呼ぶことにしよう。

たとえばアンドリュー・ワイルズのミッションは、フェルマーの最終定理を解くことだった。それほど大きな目標でなくてもいい。研究助成金を獲得する、事務処理を効率的にこなす、クリエイティブなレポートを書く、美しいプログラムを作成する。どれも立派なミッションだ。ミッションに合わせて、日々何に力を注ぐかが決まってくる。

放っておくと、ミッションはどんどん増えていく。やりがいのある新しい目標に出会うと、少なくとも一時的にはワクワクして飛びつきたくなるものだ。

しかしミッションを実際に進めるためには、長期的な努力が必要になる。そしてミッションをいくつも抱えていると、必然的に大量のタスクがその下にくっついてくる。

だからスローワーキングの第1原則を実行するためには、大きなミッションの削減から始める必要がある。

ミッションの数は一般に、少なければ少ないほどいい。

たった1つに絞り込め、と言えたら素敵だけれど、普通はそのレベルまで行くのは難しい。誰もがヘミングウェイのように心を研ぎ澄まして早朝のタイプライターに向き合えるわけではない。

現実的には、**同時進行のミッションの数は2～3個であれば無理がなく、かつきわめてミニマルだといえるだろう。**

僕の場合、コンピュータサイエンスの学位を取得し、初めて本の出版契約を結んだとき、2つのミッションに全力を注ぐと決めた。研究活動と、本の執筆だ。しばらくそれだけに集中していたが、やがて助教のポジションにつくと、講義の準備や学生の指導といった教育活動を第3のミッションとして加えざるをえなくなった。

ミッションが3つであれば、スローワーキング的には許容範囲内だ。これから紹介するやり方でうまくコントロールすれば、充分に余裕をもって働ける（ただ正直にいうと、やはりミッションが2つだけだった頃のシンプルさが懐かしいし、できればたった1つに絞り込みたい気持ちはある）。

逆にミッションの数が5つや6つになると、仕事がどんどん膨らんでどうにもならなくなる可能性が高い。そんなに引き受けるつもりはないかもしれないが、目標というのは知らないうちに増えていくものだ。

僕の友人で『フリータイム』の著者であるジェニー・ブレイクのエピソードを紹介しよう。彼女は小さなコンサルティング会社を経営していたのだが、仕事が忙しすぎて押しつぶされそうだった。[17] そんなある日、ふと振り返ってみると、自分が10種類以上の異なるビジネスを回していることに気づいた。

長年あれこれ試しているうちに、自然と仕事の幅が広がっていたらしい。どんなにタイムマネジメントや効率化を頑張ったとしても、10個以上のミッションを同時に維持するのは至難の業だ。

いっそすべてを投げだしたいと自暴自棄になりかけたあと、ブレイクは仕事を削減しなければならないと悟った。今のままではどうしたって持続可能な仕事はできない。

彼女は思いきって収入源を切り捨て、スタッフもパートタイムの3人だけに減らした。今では週の労働時間は平均20時間で、年に2か月の休暇まで取っている。

仕事を増やせば今より収入は上がるだろう。でも週20時間労働の生活を知ってしまうと、もう無理をして稼ぐ気にはなれないという。

安易に仕事を引き受けず、プロジェクトの数を減らす

ミッションを遂行するためには、「プロジェクト」を立ち上げる必要がある。

ここでいうプロジェクトとは、１回のセッションでは終わらないような、まとまった単位の仕事のことだ。プロジェクトのなかには、製品ウェブサイトのセールスコピーを新しくするなど、一度完了すればそれで終わりの仕事もある。あるいは顧客からのサポート要望に対応するなど、明確な終わりを持たない継続的なプロジェクトもある。

プロジェクトの遂行のために数々の具体的なタスクが生まれ、それが１日の仕事時間の大半を占めることになる。したがって仕事の量を削減するためには、プロジェクトの数を制限することが不可欠だ。

そのための荒っぽいアプローチとしては、エキセントリックで無責任な人物を演じるという手がある。「こいつに言ってもダメだ」と思ってもらえれば、同僚はほかの人に仕事を振るようになるだろう。

このアプローチの典型例として、拙著『大事なことに集中する』でも紹介したリチャード・ファインマンが挙げられる。ノーベル賞物理学者のファインマンは、カリフォルニア工科大学の教授をしていた１９８１年、ＢＢＣのインタビューに応えて次のように語っている。

物理学で本当にいい仕事をしようと思ったら、誰にも邪魔されないまとまった時間が必要です。思いきり集中できなくてはいけない。（中略）雑務に追われていたら、そんな時間はとれません。だから私は、自分のキャラをでっち上げました。おれは無責任だ、徹底的に無責任だ。頼まれたって何もしないぞ、とみんなに言って回ったのです。[18]

とはいえ、ファインマンほどの変わり者にとっても、この反社会的な仮面をかぶりつづけるのは容易ではなかったようだ。

BBCのインタビューから5年後、ファインマンのもとに1本の電話がかかってきた。かつての教え子でNASAの長官代理を務めるウィリアム・グラハムからだった。スペースシャトル・チャレンジャー号の爆発事故を受けて、原因究明のための事故調査委員会に加わってくれというのだ。

ファインマンは断りきれなかった。調査を重ね、やがて事故原因の大きな手がかりを見つけだした。ロケット部分の密閉に使われていたゴム製Oリングが、一定の温度以下に冷却されると弾力性を失うことがわかったのだ。

公聴会のテレビ中継では、氷水の入ったグラスにOリングを突っ込んでみせるファインマンの姿が全国に向かって映しだされた。人生の終盤になって、ファインマンは図らずも、スター科学者としてふたたび世間の注目を浴びたのだった。
調査委員会は成功したが、余計な問題に首を突っ込まないというファインマンの計画は脆《もろ》くも崩れた。「無責任でいるには、絶えざる警戒が必要です」と、ファインマンは1986年のロサンゼルスタイムズ紙のインタビューで語っている。
「いやもう、失敗しました。調査委員会の話が持ち上がったとき、つい油断したんです。自分の原則をうっかり曲げてしまいました」[19]
人はどこまでも無責任なキャラを演じきれるものではないようだ。そもそも無条件に仕事を断りつづけていたら、そのうちクビになるか、頼りにならない頑固者として干されてしまうだろう。

そこでプロジェクトの数を制限するための、もっと洗練された戦略を提案したい。

仕事を引き受けられない理由を整然と示し、ファクトで相手を納得させるのだ。

誰かに仕事を頼まれたとき、ただ漠然と忙しいと言っても相手が引き下がるとはかぎらない。「みんな忙しいんだから」と言われたり、「そこをなんとか、あなたにしか頼めないんです」と頭を下げられたりするかもしれない。

一方、時間管理のうまい人という評判を確立し、忙しさを明確に数値化して提示できれば、相手が納得する可能性はぐんと高まる。

「少なくとも3週間先までは、この大きさの仕事を入れられるだけの時間枠がありません。そのほかに5つのプロジェクトがスケジュールの空きを待っている状態です」

こんなふうに説明すれば相手も反論しづらいだろう。おまえの見積もりは間違っているとか、夜中まで働け、などと乱暴なことを言わないかぎり、仕事を押しつけるのは明らかに不可能だからだ。

この種の説得力を身につけるためには、**新しいプロジェクトを引き受けるたびにあらかじめ必要な時間を見積もり、仕事の予定時間をすべてカレンダーに登録する**ことをおすすめする。ミーティングの予約をするのと同じように、その時間を正式に確保するのだ。

もしもカレンダーにうまくおさまらないなら、そのプロジェクトを引き受ける時間はないということだ。お断りするか、あるいは既存の仕事をキャンセルして空きを作るしかない。

このアプローチの肝は、なんとなくの感覚論ではなく、時間を具体的に可視化できる点にある。

カレンダーへの登録をずっと続ける必要はない。しばらくやっているうちに、「自分はこの量までなら無理なく引き受けられる」という直感が身についてくる。そこまで来れば、あとは進行中のプロジェクト数だけ把握しておき、上限を超えたら仕事を断るようにすればいい（特別忙しい時期にはいくらか融通を利かせてもいい）。

この戦略は自分に扱える以上の仕事を引き受けないために有効だ。ただし、カレンダーがぎっしり仕事で埋まっている状態は、たとえ実行可能であっても耐えがたい忙しさになる可能性がある。

この問題を解決するには、プロジェクトに使える時間を少なめに設定しておくのがいいだろう（ジェニー・ブレイクが週20時間労働を取り入れたように）。あるいは見積もりにバッファを持たせて、全速力で働かなくても仕事が終わるようにスケジュールを組むのもいい。そのように仕事のペースを調整する方法については、次の章で詳しく論じるつもりだ。

今はまず、自分のスケジュールを明確に把握し、コントロールすることを覚えよう。そして無理のない仕事量をつねに保てるようになろう。

頼みごとを断るのは気が進まないかもしれない。やりたい仕事を断念するのは難しいと感じるかもしれない。でもそれは、自分の判断に自信がないからだ。

断るのが合理的だと断言できる根拠があれば、ノーと言うのは怖いことではない。

ゴールは1日ひとつだけ

ミッションとプロジェクトの数を減らしたら、あとは具体的に取り組む仕事を決めるだけだ。今日、どれだけの仕事をするか?

僕の提案はシンプルだ。

1日に取り組むプロジェクトはひとつだけ、それ以上は手をつけない。

といっても、一日中それしかやらないという意味ではない。働いていればミーティングもあるし、メールの返信や書類仕事も発生するだろう(こうした小さなタスクを手なずける方法については次のセクションで検討する)。

それは必要に応じてこなしつつ、**「今日達成すべきゴール」をひとつのプロジェクトに絞り込む**のだ。

僕にこのやり方を教えてくれたのは、マサチューセッツ工科大学(MIT)の博士課程にいたときの指導教員だ。分散アルゴリズム理論研究の創始者の一人でもある彼女は、きわめて生産性の高い研究者だった。

僕が複数の論文をせわしなく行き来して読んだり、本の執筆とコンピュータサイエンスの研究を同じ日に進めようとするのを見て、いつも首をひねっていた。彼女はというと、一度にひとつのプロジェクトだけに没頭し、それが完全に手を離れてから次のプロジェクトに着手するのだった。

若かった僕は、とてもそんなふうにはできなかった。1日にひとつの仕事だなんて、そんな悠長なことは言っていられない。とにかくできるだけ多くのプロジェクトに手をつけて、全部同時に進めるのが効率的だと思い込んでいた。

もちろん僕は間違っていて、指導教員が正しかった。

1日にひとつの目標にコミットするほうが、ぶれずに着実に成果が出せる。焦りや不安に振りまわされず、しっかりと前進できる。

その場ではペースが遅いと感じるかもしれないが、数か月単位で俯瞰《ふかん》してみれば、どちらが結果につながるかは一目瞭然だ。大学院生だった20代の頃は視野が狭くて見えなかったけれど、今では指導教員のやり方がすぐれていると自信を持って言える。

行動プラン2：小さな仕事を手なずける

アメリカ合衆国建国の父であるベンジャミン・フランクリンの名前をスローワーキングの文脈に持ち込むのは、ちょっと違和感があるかもしれない。

フランクリンは非常に勤勉だったことで知られている。フィラデルフィアで印刷所を立ち上げたときには、営業時間の長さで競合他社に差をつけた。真夜中どころか朝方まで印刷機を動かしていたそうだ。

「この勤勉さが地域の人々の目にとまり、我々は評判と信用を勝ちえたのである」とフランクリンは自伝のなかで述べている。[20]

印刷事業が軌道に乗ると、ペンシルヴェニア・ガゼットという新聞の出版に着手した。その成長戦略の一環として、フランクリンは多忙で地味な郵便局長の仕事に就いた。最新ニュースに誰よりも早く触れるためだ。

ガゼット紙創刊から3年後には書籍の分野にも進出し、ロングセラーとなる『貧しきリチャードの暦《こよみ》』という格言つきカレンダーの出版を始めた。さらに利益を増やすため、サウスカロライナとニューヨークの2か所に印刷拠点を広げた。それぞれ人を雇って現地の経営を任せ、資本とノウハウを提供するかわりに利益の一部を受けとるという、一種のフランチャイズ経営を展開していく。

この時期にフランクリンは、自分にとって大事な道徳的目標をチェックリストにして、毎日それができているかを振り返るようになった。目標のひとつは「勤勉」で、具体的には「時間を無駄にしない」「つねに有益なことをする」の2項目が挙げられている。[21] おそらく「勤勉」のチェックが空欄になる日はなかったのではないだろうか。

とはいえ、フランクリンを根っからの勤勉な働き者とする見方は、少々表面的すぎるイメージかもしれない。彼のキャリアが長時間労働から始まったのは事実だけれど、それがずっと続いたわけではない。

伝記作家のH・W・ブランズによると、フランクリンは30代になる頃には燃え尽きを感じはじめていた。[22] やることがあまりに多すぎて、余裕がなくなっていたのだ。

ここでフランクリンは、思いがけず、スローワーキングのほうへと方向転換することになる。

＊

ベンジャミン・フランクリンがスローな働き方を発見したのは、幸運な巡り合わせのおかげだった。

1744年、西インド諸島に3つめの印刷所を設立し、デヴィッド・ホールというイギリス人の印刷助手を経営者に任命したときのことだ。フィラデルフィアに到着した直後にデヴィッド・ホールが体調を崩し、黄疸の症状が表れた。どうやら大西洋横断の長旅のあいだに肝炎にかかったらしい。

このまま西インド諸島に行かせるわけにもいかないので、療養しながらひとまずフィラデルフィアの印刷所で働いてもらうことにした。これがフランクリンの運命を変えた。

フランクリンはホールの技術力に感銘を受けた。手放すのは惜しいと思い、西インド諸島には別の人を派遣して、ホールをフィラデルフィアの印刷所にとどまらせた。伝記には次のようにある。

> ホールはフランクリンの右腕として印刷所の日々の業務を取りしきった。その完璧な技術と効率は、こだわりの強いフランクリンでさえも文句のつけようのないものだった。フランクリンは自分で経営にあたる時間を減らしつつ、以前よりも大きな利益を受けとれるようになった。[23]

事業を回すための大量の雑務から解放されたフランクリンは、より志の高いプロジェクトに挑戦するようになる。ホールがやってきてから4年のあいだに、フランクリンは効率のいい薪《まき》ストーブを普及させ、フィラデルフィアに民兵組織を結成し、さらにアメリカ哲学協会を立ち上げた。

時間的余裕を引き続き確保するため、1748年にフランクリンは思いきった決断をした。デヴィッド・ホールを現場監督から共同経営者へと昇格させたのだ。事業経営のノウハウをすべてホールに引き継ぎ、利益も両者で折半することにした。

経済的には、かなり痛みをともなう決断だった。年間の利益が半分になるだけでなく、自分で経営にフルコミットしていれば得られたはずの事業拡大の機会も手放さねばならない。

それでもフランクリンにとっては、有意義な仕事に時間を使えるほうが大事だった。この時期に書かれた文章にも、時間の余裕を手に入れた喜びがにじみ出ている。「古い勘定はきっぱり清算し、自分の時間を自分のものにしたいと思う」と、フランクリンは1748年の友人への手紙に書いている。そして次のように続ける。

これからは自分が本当に尽力したいタスク以外は引き受けず、大きな喜びと感じる

事柄を楽しめるようになるだろう。本を読み、学び、実験し、そして話しあうのだ。人類の共通の利益のために、ビジネスの面倒な雑務に邪魔されることなく。[24]

フランクリンの期待は現実になった。ビジネスの「タスク」や「面倒な雑務」に邪魔されず、大きな目標に向かって進みはじめたのだ。

この手紙を書く前年、ボストンで見かけた電気実験にフランクリンは心をつかまれた。当時はまだほとんど知られていなかった電気のしくみを解明するために、フランクリンは一心に研究に打ち込みはじめた。

日々の管理業務から解放されたフランクリンは、電気の研究ですぐに成果を上げた。わずか数年というきわめて短い期間で、電気の正負の流れの理論を打ち立て、電池を発明し、一種の電動機まで作りあげた。

彼の研究のなかでもとくに重要なのは、雷を電気現象として説明する理論だ。この理論は天から落ちてくる雷に科学的な説明を与えただけでなく、その被害を防ぐためのシンプルな解決策にもつながった。避雷針の発明だ。

一連の実験（嵐の日に塔の上に棒を立てたフランスの研究者らによる実験、そして凧《たこ》を使って雷が電気であることを証明したフランクリン自身の有名な実験）によって理論が実証されると、フランクリンは一躍世界的な名声を得た。

その名声のおかげもあり、まもなくフランクリンはペンシルヴェニア州議会議員に選出される。[25] これを足がかりに本格的に政界へ進出し、アメリカ合衆国建国の父と呼ばれる政治家になっていったのだ。

＊

ベンジャミン・フランクリンの人生の転換は、現代人にも大きな教訓を与えてくれる。**大きな目標を追求するためには、日々の小さな仕事を減らす必要がある**という教訓だ。

フランクリンはいち早くこれに気づいたわけだが、もちろんこの洞察にたどり着いたのは彼だけではない。スコットランドのミステリー作家イアン・ランキンも、日々の雑用こそが執筆を妨げる脅威であると述べている。

「電話が鳴り、ドアベルが鳴り、必要な買い物があり、返信を求める緊急のメールがある」。ランキンはこうした作業に気をとられる状態を「脂身をかきわけて進む日々」と表現する。

その解決策としてランキンが採用したのは、スコットランドの北東部、ブラックアイル半島の先にぽつんと建つ一軒家に引きこもることだった。

北に行くときは、家の上階の部屋で書く。寒ければ薪ストーブに火をつける。天気がよければ散歩に出かけ、午後か夕方になってから執筆する。書いていて壁にぶつかったときも、散歩をすると不意にアイデアが降ってきたりする。[26]

アメリカの小説家イーディス・ウォートンも、執筆作業に小さなタスクが侵入してくるのが許せない人だった。バークシャー地方の邸宅に住んでいた9年間、彼女は厳格な日課を保つことで、頻繁に訪れる訪問客から身を守っていた。

目覚めてから早くても午前11時までは自室にこもってベッドに座り、膝にのせたボードの上でせっせと手書きの文章を書いた。そのまま書き終えたページを床に落としておくと、あとで秘書が回収してタイプライターで清書してくれる。訪問客が来ても、昼食の時間までは対応せずに各々ですごしてもらった。

「家での日課がほんの少しでも乱されると、もう何もできなくなってしまいます」と彼女は1905年の手紙に書いている。[27]

日々の雑務を全力で避けようとする偉人たちのエピソードを見ると、なんだか勇気づけられる気がする。もちろん、そのまま真似するのはちょっと無理があるかもしれない。[※5]誰もがデヴィッド・ホールのような部下を雇えるわけではないし、スコットランドの海辺に隠棲《いんせい》したり、家事を誰かに任せきりにしてベッドの上で執筆に専念できるわけではない。

だとしても、そこに通底する考え方はたしかに僕らを導いてくれると思う。

小さなタスクは、ある程度の量が積み重なると、まるでシロアリのように生産性を食いつぶす。ほんのちっぽけなタスクが、大きな仕事の土台をすっかり揺るがしてしまうのだ。だから小さなタスクをあなどってはいけない。全力で手なずける必要がある。

そのための実践的な方法をこれから紹介していきたい。

タスクを手なずける方法については、これまでの著書でも取り上げてきた。『大事なことに集中する』では、タイムブロッキングを使った時間管理法を紹介した。[28] これも実をいうとベンジャミン・フランクリンが考案した戦略なのだが、時間を明確なブロックに区切って、大事な作業への深い集中を可能にする手法だ。

5年後に出した著書『超没入』では、非効率なメールのやりとりを最小限に抑えるために、構造化されたメールの書き方を提案した。記事やポッドキャストでも多くの議論を積み重ねてきた。

僕の過去作を読んだ方には見覚えのある部分も多いかもしれないが、以下に挙げるのは長年の経験から選び抜いたベスト盤だと思ってほしい。いずれのアイデアにも共通するのは「封じ込め」だ。

避けられないタスクがあるなら、その管理コストをできるだけ低く抑えたほうがいい。多くの場合、**脳のリソースを奪うのは作業そのものではなく、タスクを記憶し、「やらなくては」と気にかけ、忙しいスケジュールのなかで時間を捻出するなどの、間接的な認知的負荷だ。**こうした準備段階での労力を減らせば、タスクの負荷を最小限に抑えられる。あるいはそれ以前に、やることリストにタスクが入り込むのを未然に防げる場合もある。いずれにせよ、目標はダメージを最小限に抑え込むことだ。

スローワーキングを実現するためには、小さなタスクの束縛を逃れ、大きな目標に取り組む自由を手に入れる必要がある。

これは地味で泥くさい戦いだ。昔ながらの生産性ハックに頼らなくてはならない部分も多い。気は進まないかもしれないが、やってみる価値はある。

ベンジャミン・フランクリンのような自由をめざして、まずは邪魔な雑務をすっきりと

※5：たとえばベンジャミン・フランクリンの華々しい出世物語が可能になったのは、彼の特権や特定の状況があってこそだった。そのあたりを分析した本としては、ジル・ルポールの2013年全米図書賞最終候補作『Book of Ages』（未邦訳）がおすすめだ。この本によると、ベンジャミン・フランクリンの妹ジェーンは兄と同等の知性と野心を持っていたが、女性に求められる性別役割期待のために才能を発揮する機会に恵まれなかった（その代わりに、彼女は12人もの子どもを育てあげた）。

片づけてしまおう。ここからは、そのための具体策を5つ紹介する。

スケジュールを自動運転モードにする

20代の頃、学生向けの勉強術を書いていたときに勧めていたのが、**スケジュールの〈自動運転モード〉**だ。

毎週同じ曜日、同じ時間に、できれば同じ場所で、決まった課題に取りかかる。たとえば火曜日と木曜日の2限の授業が終わると、そのまま図書館へ行き、同じフロアの同じ席について、英語のリーディングの課題をやる。これは先延ばし癖を防ぎ、意思決定のコストを削減するのに効果的だ。

たいていの学生は、提出期限ぎりぎりにならないと課題に取りかかろうとしない。もう本当にやらないとまずい、間に合わない、という段階になってようやく意志の力を振りしぼって作業を始める人が大半だ。

一方、課題が自動運転モードの設定に入っていれば、やる気を出さなくても自然と課題に取りかかれる。**最小限の思考で定期的な作業を実行できれば、脳がストレスフリーにな**

り、大きな目標に注意力を向けられるようになる。

やがて勉強術から仕事術に軸足を移した僕は、もっと仕事の現場に特化したハックに重点を置くようになった。しかし最近になって、自分の事務作業の量が急に増えてきたため、ふたたび自動運転モードを仕事に取り入れている。

やってみると、この作戦は知的労働の文脈でも非常に効果的だった。

学校の課題のかわりに、特定のジャンルの仕事を決まった曜日の決まった時間に割り当てる。フリーランスの人なら月曜の朝を請求書の発送モードにする、大学の教員なら金曜の午後一番に研究プロジェクトの報告書をレビューする、といった具合だ。

特定のタスクを同じ曜日の同じ時間にやることに慣れれば、タスクを実行するために必要な認知コストは激減する。

自動運転モードをさらに快適にするためには、「儀式」と「場所」を活用するといい。**定期的なタスクをいつも同じ場所で実行し、ささやかな儀式と組み合わせるのだ。**

大学教員の例でいえば、金曜日はいつも同じ学食で昼食をとり、それが終わったらキャンパスの芝生を歩いて（儀式）、いつもの図書館のいつもの席へ行く（場所）。そして席に座り、いつものように報告書に取りかかる。それが終わったら、食堂に戻ってコーヒーをテイクアウトしてから自分のオフィスに戻るのもいい（2つめの儀式）。こうして儀式と場所を組み合わせると、何も考えなくても自動的に報告書モードに入りやすくなる。

定期的に発生するタスクは、些細なことでも自動運転モードに設定しよう。クライアントからの依頼をチェックする、ウェブサイトの発注先業者の進捗を確認する、ミーティングの準備をする、メールを読む、プロジェクト管理ソフトに進捗を登録する、など。

タスクの抑制とは、こうした小さなタスクからの逃避ではない。**ふと気づくとタスクが終わっているような、ストレスフリーの状況を作ることだ。**

場当たり的なコミュニケーションを駆逐する

2020年の秋、僕はニューヨーカー誌に「GTDの盛衰」という記事を寄稿した。記事の最初に登場するのはウェブデザイナーのマーリン・マンだ。[29] フリーランスでプロジェクトマネジャーも請け負っていた彼は、2000年代初頭、急増する仕事に押しつぶされそうになっていた。そんなときに出会ったのが、デビッド・アレンの提唱するGTDという仕事術だった。長大なタスクリストを整理するGTDの体系的アプローチは、まさにそのときの彼が必要としていたものだった。

マンはGTDに魅入られ、「43フォルダーズ」というブログを始めた。ブログ名はGTDの備忘録ファイルの手法にちなんだものだ。[※6] 初期の投稿には、こんなふうに書いてある。「人生という水がどんどん床にこぼれ落ちていると感じるなら、GTDはその水を受けとめてくれるコップだ」

43フォルダーズはインターネット上でも屈指の生産性ブログに成長し、マンは本業をやめてフルタイムでサイト運営をするようになった。

ただし、ストーリーはそこで終わらない。43フォルダーズを立ち上げてから3年もすると、マンはしだいにGTDなどの仕事術に幻滅を覚えるようになる。

生産性ハックは「より有能で、安定し、生き生きと働ける」日々を与えてくれるはずだった。でも現実には、どんなに生産性ハックを駆使しても、そこに近づいている気はしなかった。

マンは生産性向上にこだわるのをやめて、「もっとクリエイティブに働く」などの質的

※6：備忘録ファイルはデビッド・アレンによって広められた手法だが、発明者はアレンではない。この手法では、今月分として1日にひとつずつフォルダーを作り、さらにこの先1年分として月ごとにひとつのフォルダーを作る。今月やるべきことは日付のフォルダーに書類を入れておき、急ぎでないものは翌月以降のフォルダに放り込んでおく。31日分＋12か月分で43個のフォルダーが必要なことから「43フォルダーズ」という名で親しまれている。

な目標に焦点を移した。それからまもなく、彼はブログの更新をすっかりやめた。

彼がGTD的なタスク管理術に幻滅した理由はいくつもあるが、ここではもっとも根本的な理由に注目したい。

要するに、使えないのだ。

まったく効果がないわけではない。やるべきことを頭の中から出して信頼できるシステムに移せば、たしかに不安が減り、計画的に行動できる。マンも家の雑用については、今もGTD的なしくみを使っているそうだ。

「猫のトイレ掃除のタスクを覚えておくのに頭のリソースを使いたくないですからね」

しかしGTDなどの**タスク管理術は、近年の知的労働者を悩ませている本当の問題を解決できない**のだ。

ミスマッチの理由は、GTDが単体のタスクに焦点を当てていることにある。GTDでは、日々の仕事は具体的なアクションに分解され、個々のアクションは状況別リストに追加される。その場の状況に合ったリストを見れば、やるべきことが列挙されているので、それを順番に進めていけばいい。

ところが90年代以降、知的労働者の注意力を食いつぶしはじめたのは、個々のタスク自体ではなく**タスクについての他者とのやりとり**だった。

パソコンが登場し、メールなどの電子コミュニケーションツールが導入されたせいで、職場のコミュニケーションは変貌し、非同期のメッセージが際限なく乱れ飛ぶようになった。

同僚から仕事を頼まれて、あいまいな点を確認するために返信し、別の同僚にメールで情報収集を依頼し、その返信を見ると元々の仕様がよくわからないことに気づき、最初の同僚に疑問点をメールで送り……といった調子でやりとりは延々と続く。

こうしたループが同時並行で何十件も走っているとすれば、メールの返信に精いっぱいでタスクを片づける時間がないのも無理はない。ＧＴＤの几帳面なリストは、１時間に何十通ものメールに返信しなければならない人には役に立たない。

スローワーキングの観点から見れば、これはある意味でいい知らせだ。

多忙さが「タスク自体」ではなく「タスクについてのコミュニケーション」から来ているのなら、実際の仕事量はそれほどでもない可能性がある。

コミュニケーションにかかるコストさえ削減できれば、残りの具体的なタスクは恐れるに足りないということだ。

コミュニケーションのコストを削減するためのシンプルな解決策は、**非同期のやりとりをリアルタイムの会話に置き換える**ことだ。

先ほどの例では、同僚からのあいまいな依頼が、3人の関係者を巻き込んだ長いメールのやりとりを引き起こした。もしも3人が同じ部屋にいたり、あるいはビデオ通話で話していたとすれば、ほんの数分の会話で疑問は解決していたかもしれない。

とはいえ、現代の職場でそんな会話の場を用意するのは難しい。「わざわざ集まらなくてもメールですむ話じゃないか」という不満を聞いたことがない人はいないだろう。もしもあらゆるタスクがそれぞれミーティングの場を必要とするなら、大量のメールのかわりに大量のミーティングが待っているだけだ。それはそれで地獄だと思う。

最適なバランスを実現するためには、オフィスアワーのしくみが有効だ。

オフィスアワーとは、大学の教員が決まった時間を学生たちの質問や相談のために空けておく制度である。仕事でも、たとえば毎日午後に30分から60分のオフィスアワーを設けて、用がある人はその時間に相談に来てもらえばいい。

その時間だけはコミュニケーションに使うと決めて、ドアを開放し、ズームを起動し、スラックの画面を開いて、電話がとれるように待機する。誰かが業務中に面倒なメールを送ってきたときは、長々と疑問点をやりとりするかわりに、こう返せばいい。

「了解です！　詳細はあとで詰めましょう、オフィスアワーに声をかけてください」

このアプローチはチームにも応用できる。週に一度、同じ曜日の同じ時間に案件整理ミーティングを開くのだ。[30]

オフィスアワーは個人だが、案件整理ミーティングはチーム全員が同時に時間を空けておく。そして全員で話しあい、現在抱えているタスクの懸念事項を洗いだす。

チームの助けが必要か、疑問点は残っていないか。タスクをひとつひとつ取りあげて、担当者、やるべきこと、足りない情報を明確化していく。ミーティングをスムーズに進めるために、話すべき内容を共有ドキュメントに事前に書いておくといいだろう。

思いついたときにメンバーが懸念事項を書き込んでおき、案件整理ミーティングでそれを解決する。たった30分のセッションをするだけで、集中を途切れさせるメールチェックや何時間もの返信の応酬からチーム全員が解放される。

コミュニケーションの同期化はシンプルだが、非常に効果的な手法だ。場当たり的なコミュニケーションをなくして仕事の中身だけを抽出すれば、それ自体は思ったほど時間も労力もかからない可能性がある。

43フォルダーズのマーリン・マンは、洗練されたタスク管理システムを駆使しても、21

世紀のオフィスワーカーを苦しめる多忙さは軽減できないことを教えてくれた。必要なのは最先端のタスク管理システムではなく、もっとシンプルで人間的なアプローチだ。

そろそろ、普通に話をしよう。

仕事を振る側に仕事をさせる

ニューヨーカー誌に寄せた2022年の記事のなかで、僕は知的労働の現場の無節操さを批判した。

タスクを誰がどのように割り振るのか、そこに一貫したルールやシステムが存在しない。ただみんなメールの画面を開き、当たり前のようにミーティングの招待を送る。思いつきの依頼や質問メールが社内のあらゆる方向に乱れ飛ぶ。

人々は場当たり的なタスク依頼に慣れすぎているため、別のやり方が可能だと言っても、うまく想像できないのではないかと僕は思った。だからこの記事では、少々過激な提案をしてみた。

読者は「そんなの無理だ」と反発するだろうが、あえて大胆な主張をすることで、そもそもの現状のおかしさを認識してほしいと思ったのだ。
記事には次のように書いた。

> チームメンバー全員が1日1時間、雑用をこなしたり簡単な質問に答えたりするだけの時間を確保すると想定しよう。さらに各メンバーは質問用の共有ドキュメントを公開しておき、そこに書き込まれた質問にだけ答えることにする。1時間で処理を終えなくてはならないので、質問できる枠は限られている。
>
> たとえば「今度の顧客訪問の都合はつきますか？」と尋ねたい場合、その共有ドキュメントを開いて枠が空いているかどうか確認し、枠があればその質問を書き込んでおく。相手は雑用時間になったらそのドキュメントを見て、都合がつくかどうかを回答する。このやり方なら、一日中やみくもに飛んでくる質問の嵐にせっせと答えつづけなくてすむだろう。[31]

この思考実験のいいところは、タスク依頼における非対称性を緩和できる点にある。誰でも簡単に仕事を投げられる環境だと、仕事は次から次へと手榴弾のように飛んできて、生産性を粉々に吹き飛ばしてしまう。後始末をするのは、つねに仕事を振られた側だ。

でも仕事を振るのに上記の手順が必要なら、相手の注意を奪いとる前に、仕事を振る側がそれなりの負担を引き受けることになる。

仕事を振る側の手間を増やすのは、タスクを封じ込めるのに効果的な作戦だ。先ほどの例は極端だが、もっと実用的にするなら次のようなやり方が考えられる。

まず、仕事のタスクをカテゴリーごとに分類して、公開タスクリストを作成する。共有ドキュメントで作ってもいいし、一般的なタスク管理ツールを使ってもいい。

誰かに小さな仕事を振られたら、「タスクリストに追加してください」と指示する。その際、仕事を振る側は、タスクを完了するために必要な情報をすべて明確にリストに書き込まなくてはならない。

この**「逆タスクリスト」方式**では、仕事を依頼する人が、仕事の内容を明確化するために時間を費やす必要がある。仕事を受ける側は情報収集に余計な手間を取られず、すぐに仕事を進められる。

またタスクリストを公開しておけば、チームの全員があなたのタスク状況をいつでも確認できる。「進捗どうですか？」というメールやチャットにいちいち邪魔されなくてすむわけだ。

さらに、タスクリストはあなたの現在の負荷状況を周囲に伝える役目も果たしてくれる。

タスクリストがぎっしり詰まっているのを見たら、同僚も無理に仕事を頼むのをためらうはずだ。

はじめのうちは、相手の手間を増やすなんてワガママだと感じるかもしれない。図々しいやつだと嫌われるのが怖い気持ちもあるだろう。でも実際のところ、低姿勢でお願いすれば、意外とすんなり聞き入れてくれるものだ。むしろタスクの状況が明確化されて、周囲もやりやすくなるのではないだろうか。

人はたいてい自分のことで頭がいっぱいで、他人の仕事のやり方など気にしていない。ニューヨーカー誌に書いた記事では、あえて極端な提案で読者を刺激するつもりだった。でも「ありえない」と反論する人は誰ひとりいなかった。

こういうやり方なんだと言われたら、人は案外素直に受け入れるのかもしれない。

タスク発生装置を遠ざける

溜まったタスクを効率的に片づけるのも大事だが、タスクの封じ込めという観点からいうと、ワークフローの上流に目を向けることを忘れてはいけない。タスクが発生する前に、あらかじめ予防するのだ。

新しいプロジェクトを引き受けるときは、その仕事が日々どれだけの質問や依頼や雑多なタスクを発生させるかを意識しよう。付随するタスクが少ないプロジェクトを選べば、負担を大幅に削減できる。

たいていの人はプロジェクトの難易度や作業時間は考慮しても、付随するタスクの影響についてはそれほど考えていない。しかし、やることリストが満杯になってあふれだす恐怖を考えれば、プロジェクトのタスク汚染範囲をけっして軽視すべきではない。

具体的な例として、ある営業部長が2つのプロジェクトのどちらを引き受けるかで悩んでいる場面を想像してほしい。

新技術が市場に与える影響についての詳細なレポートを書く仕事と、1日だけ開催される顧客カンファレンスを企画する仕事のいずれかだ。

顧客カンファレンスのほうが一見、魅力的に思えるかもしれない。完了する日が明確に決まっているし、レポートのように頭をひねって考える問題でもないからだ。レポートのほうは何週間かかるかわからないし、複雑な情報を分析して根拠のある予測を立てなくてはならない。

それでも、僕なら絶対にレポートのほうを選ぶ。理由は単純で、レポートのほうが発生するタスクが少ないからだ。

顧客カンファレンスを企画するには、複数の顧客と際限なく調整を繰り返し、会場を手配し、スピーカーをしてくれる専門家を探して依頼し、ケータリングを手配し、各方面からの問い合わせに対応し……という雑多なタスクをこなさなくてはならない。土壇場で問題が発生し、また各方面と調整をやり直すといったトラブルも発生するだろう。時間がかかるだけでなく、心労もかなりのものだ。

要するに顧客カンファレンスは、**タスク発生装置**なのだ。ただそこにあるだけで、急を要する小さなタスクが無限に発生してくる。

一方、市場レポートが必要とするエネルギーは質的に異なっている。まとまった時間を確保して、データを収集し、整理し、その意味をじっくり考察する。頭を使わなくてはならないし、なかには退屈な作業もある。しかし緊急の小さなタスクが発生することはめったになく、あらかじめ仕事に割り当てた時間以外はあれこれ悩まされなくてすむ。

レポートを書く仕事は簡単ではないけれど、収拾のつかないタスク発生装置にくらべれば、仕事がずっとシンプルになるはずだ。

無料版よりも有料版を選ぶ

友人のジェニー・ブレイクの話を紹介したのを覚えているだろうか。10種類以上あった会社の収入源を大幅に減らし、余裕のある働き方を手に入れた人だ。

ジェニーについて、注目すべき点がもうひとつある。**仕事に役立つソフトウェアには、惜しみなく課金している**ということだ。

彼女の著書にも書かれているように、スローな働き方をめざして事業を再構築するとき、最初にとりかかったのは各種ソフトウェアの有料版への切り替えだった。無料版で不便を我慢しながら使うかわりに、課金して「プロフェッショナルに使う」ことを選んだのだ。[32]

事業用のソフトウェアにどれくらいお金を使っているのか、とたずねたところ、ジェニーは利用中のサービス一覧とその月額のリストを送ってくれた。

プロフェッショナルに使う、という彼女の言葉は誇張ではなかった。オンラインのスケジュール管理ソフト、電子署名ソフト、ズームのプロプランなど、毎月2400ドルをサブスクリプションに支払っている。

これらはけっして無駄遣いではない。プロフェッショナル向けの機能に気前よく投資することで、余計な雑務をシンプル化し、タスクを極限まで減らしているのだ。

スローワーキングの観点からすると、この種の投資はきわめて理にかなっている。注意力を細かく奪っていく小さな雑務を減らせば、大事なことに集中し、効果的に仕事を進められるからだ。

ソフトウェア以外にも、お金を使ってタスクを減らす方法はたくさんある。たとえばオペレーション・マネジャーとして人を雇い、日々の雑多な業務をその人に任せて自分の時間を確保している起業家は僕のまわりにも多い。

僕が多忙なスケジュールのなかでポッドキャストを続けられているのも、プロデューサーを雇って、収録とリリースに関する周辺業務を一手に引き受けてもらっているおかげだ。やろうと思えば自分でできないわけではない。実際、始めた頃は自分で何から何までやっていた。でも長期的に見れば、人に任せることを覚えて本当によかったと思う。あの膨大な業務を自分でやりつづけていたら、僕はずっと前にポッドキャストをやめてしまっていただろう。

専門家を雇うのも、タスクを封じ込めるために効果的な投資だ。僕自身の例でいうと、帳簿の処理はすべて会計士に頼み、ポッドキャストの宣伝は専門のエージェントに一任している。ウェブコンサルタントはウェブ上の各種コンテンツをうまく運用してくれるし、弁護士は執筆関連のさまざまな疑問に答えてくれる。

知り合いの優秀な起業家たちも、たいてい専門家を複数雇っている。中途半端に自分で頑張るよりは、その道の専門家に報酬を支払うほうが、いい結果が得られるからだ。

短期的に見れば、もちろんコストがかかる。起業したばかりだったり、収入があまり多くない場合、そこから一定の経費が消えていくのを見てひやひやするかもしれない。でも長期的に見れば、あれこれの気苦労から解放されて心身に余裕が生まれ、大きなブレイクスルーにつながる可能性が高い。そうして大きな価値を生みだせば、月々の経費などまるで気にならなくなる。

身の丈を超えた出費は禁物だが、必要な経費まで惜しむ必要はない。

ときにはお金で余裕を買うことも、スローワーキングの実践には必要なのだ。

column

子育てと仕事の両立は自己責任？

ジャーナリストで二児の母親であるブリジット・シュルトは、2014年の著書『時間のない時代を豊かに生きる』（未邦訳：Overwhelmed）のなかで、子育てしながら働く大変さを次のように語る。

夜中の2時にバレンタインのお菓子を焼き、早朝4時に記事を書き終える。静かに集中できる時間がほかにないからだ。子どもを歯医者に連れて行き、待合室の外の廊下で仕事モードの顔をしてインタビューをこなしたこともある。家電はいつだってなにかが壊れているし、やることリストは永遠に終わらない。家計簿をつけようと思って20年、まだ一度もつけていない。大量の洗濯物が畳まれないまま積み上がり、娘がそこに飛び込んで水泳ごっこをしている始末だ。[33]

ここまでの章で伝えてきた「やるべきことを減らす」というアドバイスは仕事の文脈を前提としているが、それだけにとどまるものではない。

業務量が多すぎると雑務が大量に積み重なり、いくら頑張っても何も終わらない。少ない仕事に集中したほうが、長期的にはより多くの価値を生む。

シュルトのように子育てに追われる人こそ、これを実感できるのではないだろうか。

知的労働における疑似生産性の厄介な副作用に、ワークライフバランスの「自己責任化」がある。

昔ながらの工場労働であれば、労働者に12時間労働を要求する場合、その要求は労働条件に明記されなくてはならない。そして書面に明記されていれば、条件をめぐって議論ができる。労働組合の交渉の対象にもなる。

そのようにして、たとえばアメリカの公正労働基準法のように、週40時間を超える労働には報酬を上乗せしなくてはならない、といったルールが作られてきた。

ところが疑似生産性に支配された知的労働の現場では、長時間労働の要求がより見えにくく、狡猾《こうかつ》になっている。無限に湧いてくるタスクを数多く拾い上げてこなす人が評価されるわけだが、具体的にどれだけこなせば充分なのかは誰も教えてくれない。自分で判断してください、評価が下がっても知りませんけどね、というわけだ。

こうした状況のもとで、子育て中の人（とくに家事育児の大半を押しつけられがちな女性）は、仕事と家庭とのあいだで日々厳しい決断を強いられる。つねに何かを切り捨てているような、誰かの期待を裏切っているような気持ちで、深夜4時に洗濯物の山を横目に見ながら仕事をしなくてはならない。

ブリジット・シュルトの体験談のなかでもとりわけ胸が痛む（そして哀しいほどに見覚えがある）のは、「ママはいつもパソコンのほうしか見てない」と娘が不満をもらす場面だ。シュルトの娘は、大きくなったら学校の先生になりたいと言う。「だって、そしたら自分の子どもと一緒にすごせるでしょ」[34]

疑似生産性のもとで仕事と生活の両立に苦しんでいるのは、子育て中の人だけではない。病気の家族の世話をしている人、自分自身が病気で通院している人、その他人生のさまざまな困難に対処しながら働いている人たちは、長時間労働で「頑張っている感」をアピールする人が評価される世の中で、やりきれない思いを抱えている。

こうした葛藤がとりわけ多くの人に実感されるきっかけとなったのが、新型コロナウイルスのパンデミックだった。

世界中が未知の感染症で大混乱に陥っているというのに、知的労働者はメールやチャットを駆使して、今まで通り仕事している感をアピールしなくてはならなかった。この馬鹿げた状況が、反生産性のムーブメントに火をつけた一因ともいえるだろう。

本当はそんなことよりも、立ち止まる余地が必要だった。未曾有の状況を受け入れ、喪失を悲しむ時間が必要だった。でも現実の労働者に与えられたのは、アップグレードされたズームのアカウントと、「在宅勤務でも生産性は上げられる！」という空虚な励ましだった。

心が折れるのも無理はない。

*

この章では、仕事の負担を減らして成果を上げるための戦略を紹介してきた。より少ない仕事量で、より多くを達成する。あくまでも実用的な視点から、職場で使える具体的な手法を論じている。

ただ、この方針は単なるスマートな働き方ではなく、もっと人生に直結する問題、それこそ家庭や子育てにも深く関わっているという事実をここで確認しておきたかった。増大するタスクの影響は、大多数の人にとって、職場だけにとどまるものではないからだ。

削減の戦略は、忙しすぎる仕事との有害な関係性から逃れるための脱出口でもある。働きすぎは非効率なだけではなく、人間らしい暮らしを不可能にしてしまう。

この現実を視野に入れれば、仕事を減らす戦略に本気で取り組む必要があると納得できるのではないだろうか。

過剰なタスクが発生するプロジェクトを避けたり、お金を払って雑多な業務を簡素化したりするのは、上司を欺《あざむ》くための後ろめたい裏技ではない。疑似生産性のせいで誰もが自分を酷使させられる時代にあって、その流れに抗《あらが》うのはまっとうな挑戦だ。あなたには当然、その権利がある。

スローワーキングの第1原則は、単に仕事を効率的に片づける方法ではない。仕事から人生を取り戻すための、人間らしい試みなのだ。

行動プラン３：仕事はプル方式で取りにいく

ＭＩＴの博士課程で学びはじめた頃、地下鉄の駅から大学まで歩く途中に建設現場があり、ガラス張りの瀟洒なオフィスビルがゆっくりと形になっていくのを毎朝見かけていた。ブロード研究所という研究施設の新拠点となる建物だ。

ブロード研究所はＭＩＴとハーバード大学が共同で立ち上げたジョイントベンチャーで、慈善家のブロード夫妻から1億ドルの寄付金を受けて鳴り物入りでスタートしたところだった。

ブロード研究所が最先端のゲノム研究をしているのは噂に聞いていた。まだ新しいその分野に世界中が注目していることも。

ただ、そのときはまだ知らなかった。曇りひとつないガラスの向こう側では、膨大なタスクに追われる技術者たちが悲鳴を上げていた事実を。

ＭＩＴスローンマネジメントレビューに掲載された論文「ナレッジワークの渋滞解消」

によると、問題の発端は遺伝子配列の解析パイプラインだった。[35]

当時ブロード研究所が売りにしていたのが、世界中の科学者から送られてくるDNAサンプルを高速で処理する解析サービスだ。送られてきたサンプルは研究所のシーケンシングマシン（DNA配列を特定する機械）に送られる前に、一連の前処理の工程を通過する。ちょうど工場の組立ラインのようなイメージだ。素材に手を加えて整えてやると、遺伝コードがきれいに解読可能な形になって出てくる。

この組立ラインが渋滞を起こしはじめるのに、それほど時間はかからなかった。

各工程を担当する技術者は、当然のように「プッシュ方式」で仕事を進めていた。処理の必要なサンプルが入ってくると、できるだけ迅速にそれを処理し、処理が終わりしだい次の工程に送りだす。とはいえ、すべての工程が同じリズムで動いているわけではない。処理に時間のかかる工程に大量のサンプルが溜まっていき、全体の足を引っぱるようになった。

「処理待ちがどんどん増え、適正なレベルをはるかに超えてしまった」と論文の著者らは説明する。「誰かが特定のサンプルを取りに来ても、それを見つけだすのに2日かかることもあった。過密状態になった現場の滞留と混乱への対処が、チームリーダーの仕事の大半を占める有様だった」

サンプルが到着してからシーケンスを出力するまでの時間は平均で１２０日にまで延びた。依頼者たちは業を煮やし、ほかの研究所にサンプルを送りはじめた。

ブロード研究所が考えだした解決策は目新しいものではなく、工業生産の世界で一般的に使われている手法の応用だった。

ゲノム解析のワークフローを、プッシュ方式から**プル方式**に切り替えたのだ。

プッシュ方式では、各工程での作業が終わりしだい、次の工程へと作業を送りだす。仕事が前の工程から押しだされてくるイメージだ。

プル方式では逆に、各工程に空きができたタイミングで新しい仕事を取りにいく。後ろの工程のほうで仕事を引っぱってくるイメージだ。

ブロード研究所はプル方式をシンプルな形で実装した。各工程に、処理済みサンプルを置くトレイ（プルボックス）を用意する。後ろの工程で作業に空きが出ると、前の工程の処理済みトレイからサンプルを取ってくる。

ある工程で処理済みトレイに在庫が溜まってくると、その工程の技術者は作業のペースを落とし、在庫が増えすぎないように調整する。場合によっては次の工程の作業を手伝いに行くこともある。

プル方式に移行したおかげで、サンプルの渋滞はすっかり解消された。いちばん遅い工程に合わせて全体のペースが調整されたからだ。各工程の状況が可視化されたおかげで、バランスが悪い箇所を特定するのも容易になった。論文の著者らは次のように説明する。

「プルボックスがつねに満杯である場合、下流のタスクの動きが遅すぎるか、上流のタスクの動きが速すぎるかのどちらかだ。プルボックスが空っぽになっているなら、プルボックスに供給する側の作業に何らかの問題がある」

プル方式への変更による改善効果は数字にもはっきりと表れた。高価なシーケンシングマシンの稼働率は2倍以上になり、各サンプルの平均処理時間は85％以上短縮された。

＊

ブロード研究所が取り入れたプル方式のワークフローは、大量のメールやタスクに悩まされる知的労働者にも適用可能だろうか？

ありがたいことに、先の論文にはこの疑問に対する洞察も示されている。

ブロード研究所では、技術開発部門が科学者の仕事を支援する新たなデジタルツールの開発にも取り組んでいた。この部門のＩＴエンジニアたちがゲノム解析作業のめざましい改善に着目し、自分たちの仕事にもプル方式のワークフローを取り入れてみることにしたのだ。

ゲノム解析部門と同様、技術開発部のエンジニアもやはりタスクの渋滞に悩まされていた。論文にはこう書かれている。

「新たな技術のアイデアはあふれているのに、充分に調査検討する余裕がない。多数のプロジェクトが同時並行で進んでいて、実装がまったく追いつかない状態だった」

技術開発部では誰でも自由に新しいアイデアを登録できて、いいアイデアはすぐに新規プロジェクトとして採用された。優秀なエンジニアが集まっているので、アイデアは次から次へと湧いてくる。

するとアイデアが多すぎて、全体の作業が立ち行かなくなる。とくに重要なプロジェクトは優先案件とされ、「手持ちの作業を中断して全力で取りかかるように」と指示された。エンジニアたちはとても扱いきれない量の案件を抱え、崩れ落ちそうなタスクをなんとか回している状態だった。そこに優先度の高い仕事が次から次へと舞い込んでくるので、何も落ちついて考えられない。

この問題を解決するために、チームは仕事の割り当て方式を見直すことにした。遺伝子の解析パイプラインと同様、タスクが次々と押し込まれるプッシュ方式をやめて、余裕ができたタイミングでタスクを取りにいくプル方式に変更しようと考えたのだ。

それを実現するために、まず白い壁に横長の長方形を描き、そのなかをいくつかのボックスに区切った。

そして左から順に、アイデア出しから実装後のテストとデプロイに至るまで、開発の各工程を割り当てた。そして具体的なプロジェクトをポストイットに書き、現在の進捗に対応するボックスに貼っていった。ポストイットには現在の担当者の名前も明記して、誰が何をやっているのかが全体的に見渡せるようにした。

週に一度、チームの全員が集まってポストイットを見ながら、ひとつひとつのプロジェクトの状況を話しあった。次の工程に進む準備ができているプロジェクトがあれば、全体の状況を見て余力のあるメンバーを探し、担当者の名前をポストイットに追記してから次のボックスに移す。いつまでも一か所にとどまっているポストイットがあれば、進捗が思わしくないということだ。余力のあるメンバーを探して増員するか、あるいは見切りをつけて中止の判断をする。

このやり方のすぐれた点は、個々のエンジニアに無茶な量の仕事が振られるのを未然に防げるところにある。各メンバーは余力がある場合にのみ、前工程のボックスから仕事を引き受ける。すでにあふれそうな人の手に仕事が押し込まれたりはしない。仕事を抱えすぎている人は、壁にいくつも名前が貼られているので一目瞭然だ。

こうしてプル方式のワークフローに切り替えた結果、進行中プロジェクトの数はほぼ半数に減り、プロジェクトの完了率は大幅に上昇した。

＊

プル方式のワークフローは、知的労働の現場で過負荷を避けるための強力なツールになりうる。

チームの仕事の進め方を変えられる立場にいる人は、ぜひブロード研究所のやり方を取り入れてみてほしい。目をみはるようなリターンが得られるはずだ。個々のメンバーの重荷は減り、プロジェクトは軽やかに進みはじめるだろう。

ただ、誰もが仕事の進め方を改善できる立場にいるわけではない。勤め先の企業が疑似生産性を信奉しているかもしれないし、個人事業主であっても取引先が古いやり方にしがみついているかもしれない。

そういう人は、プッシュ方式のでたらめなワークフローに振りまわされるしかないのだろうか？

いや、その必要はない。たとえ仕事環境を完全にコントロールできなかったとしても、プル方式のメリットをかなりの部分まで享受することは可能だ。

そのための鍵は、**自分の仕事があたかもプル方式で回っているかのようにシミュレートすること**。同僚や取引先の知らないところで、ひそかにプル方式の仮想環境を作ってしまえばいいのだ。

これから紹介するのは、同僚や取引先に働き方を変えてもらうことなく、**個人でプル方式に近い環境を作るための3つの設計書**だ。本来はチーム全体でプル方式に切り替えるほうが効果的なのだが、個人のレベルでもやらないよりはやったほうがずっといい。

四方八方からでたらめに仕事を押しつけられ、処理待ちのトレイが詰まってあふれだすのをただ無力に眺めている必要はない。まずは自分にできる範囲から、仕事の快適な流れを作りだそう。

「保留ボックス」と「実行リスト」で仕事を管理する

プル方式のワークフローを個人で再現するための最初のステップは、**現在抱えている仕事を2種類のリストに分ける**ことだ。

「保留ボックス」と**「実行リスト」**という2つのリストを作成し、すべてのプロジェクトをいずれかに振り分ける。リストの形式は自分のやりやすいものでいい。テキストファイルでもいいし、紙にペンで書いてもいい。

すでに述べたように、本書で「プロジェクト」といっているのは、1回のセッションでは完結しないような仕事のかたまりのことだ（タスクよりも大きく、ミッションよりも小さい）。

誰かが新しいプロジェクトを投げてきたら、とりあえず保留ボックスに突っ込んでおこう。保留ボックスは充分に大きいので、プロジェクトの数に制限はない。

一方、**実行リストに入れるプロジェクトは、最大でも3つに絞り込もう。**その日のスケジュールを考えるときは、実行リストにあるプロジェクトだけを気にすればいい。

いずれかのプロジェクトが完了したら、実行リストから削除する。すると実行リストに空きができるので、保留ボックスから新しいプロジェクトをひとつ取ってきて、実行リストに追加する。

プロジェクトの規模が大きいときは、手頃なサイズに切り出してから実行リストに入れよう。

たとえば「本を書く」というプロジェクトが保留ボックスに入っているなら、「次の1章を書き上げる」という単位で実行リストに移す。もとのプロジェクトである「本を書く」は、すべての章が終わるまで保留ボックスに入れておけばいい。

こうして2つのリストを管理すれば、あたかもプル方式で仕事を取ってくるような感覚で作業ができる。実行中の仕事は少数に絞り込まれているので、大量の仕事に追われている焦燥感から解放されるし、プロジェクトの管理コストも最小限に抑えられる。

問題は、同僚や取引先がこのすばらしいシステムの存在を認識していないことだ。かれらは何も知らずに仕事を投げてくるし、頼んだ仕事の進捗が遅いと文句を言ってくるかもしれない。たえまない催促の嵐を避けるためには、仕事を引き受ける手順をひと工夫する必要がある。これを次に説明しよう。

締め切りへの焦燥感をなくす「インテーク通知」

新しいプロジェクトを保留ボックスに入れるときは、依頼主とのあいだに期待値のズレがないように調整しておくことが大切だ。

そのためには、**インテーク（受け入れ）の手順を定型化して、仕事の依頼主にメールやメッセージで送信することを習慣づける**といい。インテーク通知には以下の3つの追加情報を含める。

1：プロジェクト着手までに必要な詳細情報の提供依頼
2：自分が現在抱えているプロジェクト数
3：今回引き受けた仕事の完了時期の見積もり

以下はインテーク通知の一例だ。相手にインテーク通知を送ったら、そのプロジェクトにかかる時間の見積もりを、保留ボックスに入れるプロジェクト情報に書き込んでおこう。

●●様

先ほど話した件でメールします。

ウェブサイトの顧客ページを新しくする件、私が引き受けるということで了解しました。

・着手する前に、新しい顧客ページの仕様について、必要な要素をリストアップして送ってください（見本となる他社の顧客ページへのリンクでもOKです）。
・現在私が抱えているプロジェクトは11件です。完了後に本件に着手します。
・ほかのプロジェクトを考慮すると、本件に着手できるのは、必要な情報をいただいてから4週間後になります。見積もりに変更があった場合はすぐにお知らせします。

もしも進捗が遅れ気味になった場合は、新たに見積もりを立てて、依頼者にスケジュールの変更を知らせよう。

大事なのは透明性だ。状況を明確に伝え、約束をきちんと守る。約束が状況によって変わるのは仕方ないが、黙っているのがいちばんよくない。適当にごまかしているうちに、相手が忘れてくれると思ったら大間違いだ。

同僚や取引先があなたを信用していない場合、催促はどんどん厳しくなる。肝心なのは、「この人はかならず仕事をやりとげてくれる」という信頼を構築することだ。

依頼主はこちらの都合など考えず、とにかく急げ急げと言ってくるものだという印象があるかもしれない。でもそれは誤解だ。本当は誰も他人の仕事の心配なんてしたくない。信頼できる人に仕事を任せてしまって、あとは成果が上がってくるまで忘れていられるほうがいい。

「この人は約束を守ってくれる」という信頼関係ができれば、相手はあれこれ言わずに、こちらのペースで仕事をさせてくれるだろう。安心感はスピードに勝るのだ。

インテーク通知にはもうひとつ、二次的なメリットがある。依頼を撤回する人が増えることだ。

たとえば、上司がその場の思いつきであなたに仕事を振ったとしよう。インテーク通知を送ると、上司は追加情報を明確化するために真剣にその案を検討しなくてはならない。さらにあなたが抱えている仕事量を目の当たりにして、自分の要求が現実的でないと気づくかもしれない。「その件、やっぱり保留にしましょう」という返事が帰ってくることは少なくない。

ちょっとした手間を挟むだけで、押し寄せる仕事の流れがゆるやかになるのだ。

週に一度、リストを定期クリーニングする

週に一度、保留ボックスと実行リストの状況を更新し、きれいに整理しておこう。実行リストの空き枠に新しい仕事を入れるだけでなく、この先の締め切りを把握することも大切だ。締め切りが近いものを優先し、約束した期日までに終わらない案件については依頼主に状況を報告して新しい期日を設定する。

リストの定期クリーニングは、保留ボックスの底に溜まっているプロジェクトを削除するチャンスでもある。ずっと保留のまま動かない項目があるなら、今の自分にはちょっと荷が重かったり、スキルや能力に合致しないプロジェクトである可能性が高い。

その場合、依頼主に正直に話して、その仕事から外してもらうのもひとつの手だ。こんなふうに頼んでみよう。

●●様

ウェブサイトの顧客ページ修正の件ですが、ご存じのように何度も締め切りを延期せざるをえない状況です。

私の知識不足で、この仕事を達成するのに必要なスキルが足りていないのだと思います。

よろしければ、本件は別の人に割り当ててもらえないでしょうか。

おそらくウェブ開発チームの専門知識が必要な案件かと思います。

最後に、リストを整理するときは、プロジェクトの重複がないか、あるいは不要になったプロジェクトが残っていないかをチェックしよう。

たとえば自社ウェブサイトの全面的なリニューアルが決まって、既存の顧客ページの修正がすでに必要なくなっている可能性もある。その場合、そのプロジェクト情報はリストから削除しよう。ただしプロジェクトの依頼主には、対応不要になった旨をひとこと通知するのを忘れずに。

周囲への透明性を確保すれば、プル方式のワークフローはなめらかに動きだすだろう。

第4章

余裕——心地よいペースで働く

スローワーキングの第2原則

洞察はふいに訪れた。

2021年、夏の日のことだった。休暇をメイン州で過ごしていた僕は、港に面した小さな貸家の外に座り、ジョン・グリビンの『科学者たち』(未邦訳：The Scientists)という分厚いノンフィクション本のページをめくっていた。

読みながら、2つの真実がぶつかりあうような感覚に戸惑いを覚えた。

歴史上の偉大な科学者たちは、どう考えても「生産的」であるはずだった。我々の世界観を文字通り一変させる仕事を、ほかに何と呼べるだろう？

その一方で、**かれらが偉大な発見にたどり着くまでのペースは、現代人から見るとかなり悠長で、やる気にムラがあるように思えた。**

たとえばコペルニクスが地動説を思いついたきっかけは23歳のとき、１４９６年に出版されたプトレマイオス天文学の新たな解説書に触発されてのことだった。でも地動説の考えを草稿にまとめて友人たちに見せたのは、１５１０年になってからだ。『天球の回転について』として知られる著作が世に出たのは、それからさらに30年もあとだった。[1]

緻密な天体観測によって地動説受容の土壌を整えたティコ・ブラーエも、仕事が早いとは言いがたかった。有名な大彗星の観測をおこなったのは１５７７年だが、その結果を分析して発表したのは１５８８年になってからだ。[2]

物理学の登場も同様に、のんびりしたものだった。

ガリレオがピサの大聖堂で揺れるシャンデリアを見て、自分の脈拍で揺れの間隔を測ったのは１５８４年か１５８５年のこと。それからすぐに「振り子の等時性」を発見したわけではなく、関連する実験にようやく着手したのが１６０２年になってからだった。[3]

アイザック・ニュートンが重力の問題を本気で考えはじめたのは１６５５年夏、ペストの蔓延するケンブリッジを離れてリンカンシャーの静かな田舎に滞在していたときだが、それから逆二乗の法則を充分に理解するのに1670年までかかり、科学のパラダイムシフトを起こす理論を発表したのはさらに15年以上あとのことだった。[※7]

のんびりしていたのはルネサンス期の男たちだけではない。少し時代を早送りして、1896年の夏に目を向けよう。

そのころマリ・キュリーは、放射能の研究に没頭していた。放射能は当時発見されたばかりの現象で、その名を考案したのもキュリーである。

彼女はピッチブレンドという鉱石に何らかの強力な放射性物質が含まれると確信するに至った。まだ科学界で知られていない物質だった。これが本当なら大発見だ。新たな放射性元素を抽出して記述できれば、科学者としてノーベル賞ものの功績になる。

まさにこの決定的なタイミングで、マリ・キュリーは何をしたか。パリの簡素なアパートを離れ、夫のピエールと生まれたばかりの娘と一緒に、フランスの田舎へ長いバカンスに出かけたのだった。

娘のエーヴが書いた伝記によると、キュリー一家はそこで丘に登り、洞窟を訪れ、川で水浴びをして過ごしたそうだ。[4]

メイン州での休暇中に、僕はこうした気づきを「仕事のペースと生産性について」という短いエッセイにまとめた。[5] 生産性を理解するためには時間軸が鍵になる、という内容だ。日や週といった短い単位で見ると、コペルニクスやニュートンの仕事は休み休みのゆっくりなペースに見える。でも数年間の長い単位で見ると、その仕事は疑いようもなく、ずば抜けて生産的だ。田舎でのんびりと遊んでいたことなど嘘のように、マリ・キュリーは7年後にノーベル物理学賞を受賞し、さらに数年後にはノーベル化学賞も受賞している。

それからというもの、僕は仕事のペースと生産性について考察を続けてきた。

現代の職場では、仕事の評価は短い時間軸に偏りがちだ。本書の第1章でも見たように、20世紀に知的労働が主要な経済セクターとして台頭してきたとき、人々はその未知の働き方に工場の生産性の概念を無理やり当てはめた。細かく管理して最速のアウトプットを引きだそうとした。

※7：ニュートンがリンカンシャーの田舎にいたときに、リンゴが木から落ちるのを見て万有引力を発見したという逸話は有名だ。しかしジョン・グリビンが指摘するように、これは一種のマーケティング手法だった。ニュートンの著作を読むと、一連のアイデアは1655年以降、何年もかけて徐々に生まれてきたことがわかる。詳しくはジョン・グリビンの著書『The Scientists』（New York: Random House Trade Paperbacks, 2004）、185-186ページを参照してほしい。

でも、科学者たちの働き方を見ればわかるように、それが仕事のペースを考える唯一の尺度というわけではない。

過去の偉大な科学者からすれば、現代人は急げ急げと躍起になって自分を痛めつけているように見えることだろう。

偉人たちは特定の短期間ではなく、生涯を通じて何を生みだすかに関心があった。肩越しにのぞき込んでくる上司もいなければ、メールの返信を急かすクライアントもいないので、つねに最大限に忙しくしていなければというプレッシャーも感じなかった。ひとつのプロジェクトにじっくりと時間をかけ、変化に富んだ寛容なリズムで仕事を進めていった。

ひと夏の休息と内省のために田舎へ旅立ったのはキュリーだけではない。ガリレオはパドヴァ近郊の田園地帯にある友人の別荘に遊びに行くのが好きだった。滞在中は丘陵地帯で長い散歩を楽しみ、夜には近くの洞窟から天然の冷気を引き込んだ部屋でぐっすりと眠った。[※8] そしてニュートンはもちろん、あの有名なリンゴの木のあるリンカンシャーで過ごす時間を大事にしていた。

何よりかれらは、仕事をお金や名声のための手段としてではなく、より深い目的として捉えていた。

古代ギリシャの哲学者アリストテレスは『ニコマコス倫理学』のなかで、深い思索こそが何よりも人間的で価値のある活動だと述べている。

だとすれば、具体的な業績がどうだろうと、科学者の生き方にはそれだけで価値があるといえる。急いで成果を出す必要はないのだ。仕事に打ち込むこと自体が見返りなのだから。

こうした考え方に支えられ、専門の仕事だけでなく人生のあらゆる側面を豊かに探求するルネサンス風のライフスタイルができあがった。

ガリレオはさまざまな研究活動と並行して、私生活も存分に楽しんでいたといわれる。文学と詩をたしなみ、足しげく劇場に通い、リュートの演奏もかなりの腕前だった。[6]

＊

スローワーキングの第2原則は、過去の偉大な科学者たちの働き方にヒントを得たものだ。

来る日も来る日も休みなく、何時間も気を張りつめて働きつづけるのは、けっして必然

※8：この空調システムはお世辞にも完璧ではなかった。ある夜、ダクトを通じて洞窟から有毒ガスが流れ込み、ガリレオを含む3名が重体に陥った。そのうち一人は亡くなり、ガリレオも生涯にわたる後遺症を負った。グリビン『The Scientists』80ページより。

的な働き方ではない。

たしかに仕事をしていれば、上司やクライアントの要求に応えなくてはならないだろう。でも上司やクライアントは、必ずしもあなたの時間の使い方を細かくチェックしてくるわけではない。

誰よりも厳しく仕事を監視しているのは、往々にして、自分自身の内なる不安だ。詰め込みすぎたスケジュール、つい引き受けすぎてしまった作業量。その原因は、多忙でなければ落ちつかないという根本的な不安感なのだ。

過去の科学者たちは、それに代わるアプローチを教えてくれる。

重要な仕事にたっぷりと時間を割り当て、ときには集中し、ときには休みながら、無理のないペースで働く。このアプローチは、持続可能で人間的であるだけでなく、大きな成果を上げるための長期的戦略としてもすぐれている。

16世紀のガリレオの働き方は、21世紀の平均的な知的労働者よりもはるかに悠長で、落ちついたものだった。それでいて、人類の知を一変させるような仕事をなしとげたのだ。

この考え方を実践的な原則にまとめると、次のようになる。

第2原則：余裕――心地よいペースで働く

重要な仕事を急いではいけない。自然で無理のないペースを心がけよう。遊びと変化を取り入れて、最高の成果につながる環境を作りだそう。

次のセクションでは、心地よいペースで働くメリットを詳しく論じていこうと思う。なぜ科学者たちが抑制的な働き方をしていたのかも明らかになるだろう。結局のところ、そのほうが現代の均質化された忙しさよりもずっと自然なのだ。

そのうえで、第2原則を実践するための方法をいくつか提案したい。賢明なスケジュールの実例や、閑散期を意図的に作りだす手法についても検討する。ただし個別のテクニックよりも重要なのは、この章全体を貫くメッセージだ。

スローワーキングは、無意味な多忙さをけっして評価しない。つねに追い詰められているなら、何かが間違っていると考える。

もちろん、やるべき仕事はいつだってなくならないだろう。しかし、それは必ずしも、人生を邪魔するものではない。

余裕と敬意をもって取り組めば、仕事は充実した人生の大事な一部になるはずだ。

なぜ知的労働は自然なペースに回帰すべきなのか

1963年秋、リチャード・リーという若き人類学者が、アフリカ大陸南部に広がるカラハリ砂漠のドベ地域へと旅立った。ジュホアンシと呼ばれる狩猟採集民の人々とともに暮らすためだ。ジュホアンシ人のコミュニティはおよそ460人で構成され、14の独立したキャンプに分かれて生活している。ドベ地域は半乾燥気候で、2〜3年ごとに干ばつに見舞われる。リーによれば「人が居住できるぎりぎりの環境」だ。[7] 厳しい環境のために農耕民や牧畜民はその地域に寄りつかず、ジュホアンシ人は20世紀に入っても外部との接触をあまり持たずに生活していた。

といっても、完全に外界から孤立していたわけではない。リーが到着した時点で、ジュホアンシの人々は近隣の牧畜民であるツワナ人と交易していたし、入植者のヨーロッパ人とも遭遇していた。ただ、地域経済とのつながりは弱く、生活の基盤はおもに狩猟採集に頼っている状態だった。

この当時の一般的な見解として、安定した農業を営まずに狩猟採集で食糧を獲得する生活は、危険で苛酷だと考えられていた。リーの狙いは、それが本当かどうかを確かめることだった。

ホモ・サピエンスが地球上を歩きはじめてから、およそ30万年。[8] そのうち最後の1万年ほどを除いて、人類はずっとノマド的な狩猟採集生活を送ってきた。

それはヒトの脳と体が狩猟採集に適した形に進化するのに充分な年月だった。つまり僕らは狩猟採集のような働き方をデフォルトと考えるようにできているわけだ。

だとすると、現代の仕事のストレスを理解するうえで、先史時代の祖先の働き方と異なる点を探すのはよい出発点になるはずだ。

このアプローチの問題点は、先史時代の人類から直接話を聞けないところにある。考古学的発掘が教えてくれるのは、過去の生活のわずかな断片だけだ。

でも幸いなことに、リチャード・リーの先駆的な研究を土台とする現代の人類学は、この問題を部分的に解決する方法を見つけだした。数は減っているものの、狩猟採集で暮らしている集団は今も存在する。その人たちの暮らしを、慎重に観察すればいいのだ。

もちろん現代の狩猟採集民は、大昔の人々とは違う存在だ。かれらは現代の人間であり、現代の世界とつながって生きている。それでもかれらの生活は、狩猟採集で生計を立てるというのがどういうことか、そのリアルな実態を知るための貴重な手がかりを与えてくれる。

人類にとって「仕事」とは何だったのか。それを理解する助けになってくれるはずだ。

＊

1963年の秋から1965年の初冬にかけて、リーは15か月にわたるフィールド調査をおこなった。そして翌春、長年の協力者であるアーヴェン・デヴォアとともに、華々しい学術会議を開いてその成果を発表することにした。

シカゴで開催された学会のタイトルは「ハンターとしての人類」。宣伝文句には「人類の発展における最重要段階、すなわちかつては人類の普遍的な生き方であった狩猟生活を、初めて重点的に明らかにした調査」と書かれている。すごい学会になるという噂を聞きつけて、あの著名な人類学者クロード・レヴィ＝ストロースも、わざわざフランスからアメリカまで駆けつけた。

リーはジュホアンシ人との暮らしを丁寧に記述した論文で、参加者をあっと言わせた。狩猟採集生活は危険で苛酷なサバイバルである、という一般的な考えを最初に提示しつつ、豊富なファクトを用いてその定説を鮮やかに覆《くつがえ》してみせた。リーが調査したコミュニティは食べ物に困ることはなく、ボツワナが記録的な干ばつに襲われた時期でさえも1日に2000キロカロリー以上を摂取していたのだ。

もうひとつの驚きは、ジュホアンシ人の労働時間が周辺の農民よりも短いことだった。リーの調査結果によると、ジュホアンシの成人が食糧獲得のために働く時間は平均で週20時間。その他の雑用に週20時間ほどを費やしていたと考えても、自由に使える余暇はたっぷりとある。

リーは次のようにまとめている。

> ドベ地域のブッシュマンは現在、野生の植物や肉を食べて豊かに暮らしている。かつてさまざまなブッシュマンが居住した地域のなかでも、とりわけ生産性の低い地域で暮らしているにもかかわらずだ。そうであるならば、過去の狩猟採集民はいっそう豊かな生活基盤を有していた可能性が高い。[9]

リーの独創的な研究結果は、かなりの批判も集めた。とくにデータ収集の精度の問題や、「労働」とその他の活動を区別する基準について厳しく議論された。

それでも、現代の狩猟採集民から大昔の経済活動について学べるというアイデアは、人類学の世界にきわめて大きな影響を与えた。[10]

リーの研究をさらにアップデートして、より正確なデータを取得したのが、現在ケンブリッジ大学で進化人類学の助教を務めるマーク・ダイブルだ。２０１９年にネイチャー・ヒューマン・ビヘイビア誌に掲載された論文で述べられているように、ダイブルの研究チームはより洗練された手法を用いてリーの研究を再現した。[11]

調査対象に選んだのは、北フィリピンに住むアグタ人だ。

アグタ人は食糧獲得モデルの比較研究に最適だった。一部の人は狩猟採集の生活を続けていたが、ほかの人たちは稲作を中心とした暮らしに最近移行したところだった。いずれのグループも同じ文化と環境を共有しているため、農耕と狩猟採集の違いを明瞭に比較できる。

ダイブルの研究チームは、日々の活動をすべて記録する日記ベースの手法ではなく（リーが使った手法だが正確に記録するのは難しい）、経験サンプリングという比較的新しい手法を採用した。ランダムに生成された間隔で、被験者がその瞬間に何をしているかを記録するやり方だ。この手法で余暇と労働の比率を割り出し、狩猟採集グループと農耕グループの活動を比較するのが狙いだった。

「狩猟採集グループでは、日中の40〜50%が余暇にあてられていました」と、ダイブルは僕のインタビューに応えて語った。「一方、完全に農耕に移行したグループでは、余暇の割合は30%程度でした」

この数字は、リーの元々の主張ほどではないかもしれないが、たしかに狩猟採集民のほうが農耕民よりも余暇が多いことを示している。

さらに詳細なデータ分析で明らかになったのは、余暇時間の配置が狩猟採集民と農耕民で異なるという事実だった。農耕民の働き方が単調で途切れなく続くのに対して、狩猟採集民のスケジュールは変化に富んでいる。労働の合間に長い休憩が差し挟まれることも多い。ダイブルは次のように説明する。

「狩猟では森のなかを遠くまで歩くので、日中ずっと出かけているのですが、途中で何度も休憩します。釣りの活動をとってみても、急な動きもあれば、じっと動かない時間もあります。実際に魚を釣っている時間はごくわずかです」

ここで重要なのは、狩猟採集民の働き方が**均一ではなく、緩急がある**という点だ。張りきって釣りに出かけたものの、魚がかからずボートで長い昼寝をとる日もある。長く厳しい狩りのあと、雨続きでただぼんやり過ごしているときもある。

一方、稲作に移行したアグタ人は、田植えや刈り取りの季節には日の出から日没までひたすら仕事に精を出した。狩猟採集の活動にくらべると、かなり変化に乏しい活動だった。両者の違いは、人類の最近の歴史において、労働の経験がすっかり様変わりした事実を浮き彫りにする。

狩猟採集から農耕への移行が始まったのは1万2千年ほど前のことだが、ローマ帝国の時代までには狩猟採集の文化はほとんど消え去っていた。こうして人類は、農耕を始めたアグタ人と同じく、新たな難題に直面した。来る日も来る日も朝から晩まで、退屈で変化のない仕事をこなしつづけるという難題に。

ひとつ救いだったのは、農耕が一年中忙しいわけではないことだ。多忙な収穫時期が終われば、ひそやかな冬がやってくる。人類はそうした活動と休息のリズムを儀式の形にして、季節のリズムに意味を与えた。

たとえば古代ゲルマン人は冬至の時期に「ユール」の祭りをおこない、何日にもわたって盛大に祝った。動物を神に捧げ、煌々《こうこう》と燃えあがる焚き火を囲んで死者の霊をもてなした。日がほとんど昇らない時期、1年でもっとも暗い日々に、こうした儀式は彩りと活力を与えてくれた。

しかし産業革命の到来によって、変化ある労働の最後のなごりは一掃された。機械の発明と工場の出現は、毎日を収穫日に変えた。何の変化もない単調な労働が、休みなく永遠に繰り返される。季節の変化もなければ、生活に意味をもたらす儀式もない。マルクスの思想には欠点も過剰さもあるが、彼が「疎外」という言葉で言い表したものは本質をついていると思う。

産業化によって、労働者は人間らしい生活から構造的に締めだされてしまったのだ。労働者たちの側も、やがて不当な状況を変えるべく声を上げはじめた。１９３８年にはアメリカで公正労働基準法が可決され、標準労働時間が週40時間までと定められた。それ以上働かせるなら雇用者は割増賃金を払わなければならない。

また労働者たちは労働組合を結成し、産業化の非人間的な側面に対抗して連帯した。人間性を奪う労働に日々閉じ込められるのだとしても、可能な限り自分たちの納得できる条件に近づけていこうとしたのだ。

その後、知的労働が主要な経済セクターとして台頭してくる。本書の第1章で議論したように、管理者階級は知的労働特有の自律性と自由度をどう扱うべきかわからなかった。当面の対応策として出てきたのが、目に見える活動量を有益さの目安とする疑似生産性の手法だった。この新たな体制のもとで、労働者の生活はまた一歩後退した。

工場労働と同じく、僕らは一年中、季節の変化もなく毎日朝から晩まで働きつづける。暇な時期などあってはならない。それは「非生産的」だからだ。

さらに悪いことに、この「目に見えない工場」においては働く人自身が監督者であり、したがって労働条件改善を求めて闘う構図は無効化された。労働組合を作って対抗することもできなければ、労働時間削減を訴える相手もいない。

知的労働は僕らの存在をまるごと呑み込み、完全に主導権を握ってしまった。

昼だろうと夜だろうと、週末だろうと休暇中だろうと、僕らの時間はすべて知的労働の支配下にある。**限界まで搾り取られた先は、バーンアウトか降格か、あるいは退職だ。**

こうして僕らは、人類の誕生以来28万年続いた労働のリズムから完全に締めだされてしまった。

それでも、まだ絶望する必要はない。知的労働の自由度をよりよい方向へ変えていく道はあるはずだ。

農作物の収穫や組立ラインの作業では、変化のない単調な働き方は避けられず、儀式や労働法でそのダメージを緩和するしかなかった。でも知的労働の場で、つねに一定の強度で働く必要があるかどうかは疑問が残る。

知的労働者がろくに休みもとらずに長時間労働しているのは疑似生産性の要求を満たすためであって、メリハリのない働き方がすぐれた成果につながる証拠があるからではない。むしろ単調な働き方が知的労働の効率を下げることを示す証拠さえある。この章の最初に紹介した科学者たちを思いだしてほしい。かれらはその恵まれた立場を活かして、現代のオフィスワーカーよりも狩猟採集民に近いペース配分で働いていた。

働き方を自由に選べるとき、伝統的な知的労働者たちは、人間本来の変化に富んだペースに回帰したのだ。

ここにスローワーキングの第2原則の正当性がある。

一定の強度で休みなく働くのは人工的で、持続可能性のない働き方だ。その場では偽の満足感を与えてくれるかもしれないが、長期的には労働者を人間らしさから疎外し、苦しみを引き起こす。

純粋に経済的な観点からいっても、そのような働き方はむしろ足かせになる可能性が高い。**もっと自然で、遅く、変化に富んだ仕事のペースこそが、長期的には真の生産性を育んでくれるのだ。**

続くセクションでは、そうした変化を現代の仕事で実現するためのプランをいくつか提案したい。マリ・キュリーのように何か月も休暇を取ってリフレッシュするのは難しいかもしれないが、知的労働の自律性とあいまいさをうまく味方につければ、仕事のペースは意外と柔軟に変えられるものだ。

さあ、人間らしいペースを取り戻そう。

行動プラン4：時間はかかるものと考える

リン＝マニュエル・ミランダがミュージカル『イン・ザ・ハイツ』の初稿を書いたのは、ウェズリアン大学の2年生のときだった。2000年春に大学内の劇場で初演されたこの作品はやがてブロードウェイで大ヒットし、演劇界でもっとも名誉あるトニー賞でいくつもの部門を受賞した。

20歳で『イン・ザ・ハイツ』を書いた偉業は、稀代の天才ミランダの伝説の一部としてよく知られている。ただし、そこにはあまり語られないことがひとつある。

2000年の初演から、8年後の華々しいブロードウェイ公演までのあいだに、何があったのかだ。

ブロードウェイのリチャード・ロジャース劇場で公開された『イン・ザ・ハイツ』は約

2時間半におよぶ鮮烈な音楽とダンスのショーとなったが、大学時代の初演バージョンはそれとは似ても似つかないものだった。

レベッカ・ミードが2015年のニューヨーカー誌で指摘したように、初演時の『イン・ザ・ハイツ』はよくある三角関係を描いた陳腐なストーリーで、同級生からの評判もいまいちだった。[12] ウェズリアン大学では実験的な演劇が重視されていて、王道ミュージカルが好きなミランダは周囲から浮いていた。

「あの大学でミュージカルをやるのは本当に難しかった」とミランダ自身もインタビューで語っている。[13]

卒業制作では少し路線を変えて『借り物の時間』という作品を仕上げたが、やはりぱっとしなかった。卒業後、ミランダは学校の代替教員として働きはじめた。父親からは法学部に行けとうるさく言われた。

しかし『イン・ザ・ハイツ』は、そのまま眠らせるには惜しい作品だった。

脚本は大学生らしい未熟な出来だったけれど、音楽には光るものがあった。「ラテン音楽とヒップホップの組み合わせはいけると思った」とミランダは回想する。

「そのグループはちょっと特別だったんだ」[14]

ウェズリアン大学でミランダの2年先輩だったトーマス・ケイルも、その作品を記憶していた。ミランダが卒業してまもなく、二人は再会して『イン・ザ・ハイツ』の可能性を話しあった。

ミランダは音楽と脚本の改良に取りかかり、ケイルは非公式にこの舞台の演出を引き受けた。ニューヨークで劇団をやっていた同窓生が2人加わり、ミランダの書き進める台本の読み合わせに取りかかった。[15]

書いたそばから簡単な実演を通じて迅速なフィードバックをもらったおかげで、ミランダの持ち味である音楽性には磨きがかかった。ただ、脚本はやはり物足りなかった。そこでミランダとケイルは、のちにピューリッツァー賞を受賞する新進気鋭の劇作家、キアラ・アレグリア・ヒュデスをプロジェクトに引き入れた。

2004年秋にはユージン・オニール劇場が主催する育成プログラムに採用され、作品の完成に向けて一流の環境で制作支援が受けられることになった。音楽監督のアレックス・ラカモアも加わり、一同はユージン・オニール劇場のあるコネティカット州へ向かった。

『イン・ザ・ハイツ』という作品の形が見えてきたのは、このときだった。

ヒュデスはストーリーをシンプルに組み直し、ワシントン・ハイツの街の暮らしを歌とダンスで表現することに重点を移した。「オニール劇場で実際に見てみたら、街のコミュニティこそがラブストーリーなんだと気づいたんです」とケイルは言う。

オニール劇場での実演はブロードウェイの大物たちの目に留まり、まとまった資金も入ってきた。それでも、商業的な公開までにはまだ多くの作業が残っていた。

そして2007年——ミランダとケイルが本格的に取り組みはじめてから5年後、ウェズリアン大学での初演から7年後に——、ようやく『イン・ザ・ハイツ』はプロの舞台での初演を迎えた。

翌年にはブロードウェイで上演され、ミランダは見事トニー賞に輝くことになる。[※9]

＊

リン＝マニュエル・ミランダの経験には、先に紹介した偉大な科学者たちとも共通する法則が見てとれる。**「時間をかける」**という法則だ。

大学での初演から7年間、ミランダはじっくりと『イン・ザ・ハイツ』のクオリティを

※9：この成功から数か月後、ミランダはようやく取れた休暇をメキシコのプールサイドで過ごしていたが、結局くつろぐことはできなかった。旅行前にふと思い立って購入した分厚い本に本気でのめり込んでしまったからだ。それはアレクサンダー・ハミルトンの伝記だった。ミランダの次なる傑作『ハミルトン』の芽がここで生まれたのである。

高めていった。その間、全力で取り組んだ時期もたしかにあったが、ほかの活動で忙しい時期も多かった。

代替教員の仕事をしていたし、新聞のコラムや飲食店のレビュー記事を書くこともあった。フリースタイル・ラブ・スプリームというコメディとラップのグループを結成し、ツアーで各国を回ったりもしていた。ウェズリアン大学で知り合ったスティーヴン・ソンドハイムの依頼で、『ウエスト・サイド・ストーリー』のリバイバル版のために歌詞をスペイン語に翻訳する手伝いもした。

疑似生産性の考え方からすると、ミランダの時間の使い方は非生産的にも見える。重要なプロジェクトを最速で仕上げるべきなのに、なぜコメディに手を出したり、地方の新聞にコラムを書いたりしているのか。才能の無駄づかいじゃないかと苛立つ人もいるかもしれない。

しかしスローワーキングの枠組みで見れば、このゆっくりしたペースはむしろ利点になる。**新たなスタートを繰り返す過程は創造性に有利に働くことがある**からだ。実際、ミランダはこの不均一なペースを利用して『イン・ザ・ハイツ』の強度を高めていった。

それに多様な活動は、クリエイターとしてだけでなく人間として成長する機会を与えてくれた。学生時代のミランダには自信も経験も不足していて、ブロードウェイ級の作品を書くだけの器量がなかった。
彼の偉大さが姿を現すためには、充分な時間が必要だったのだ。

スローワーキングは、無理をせず自然なペースで働くことを提案する。そのために大事なのは、「時間がかかる」という現実に慣れることだ。リン＝マニュエル・ミランダのように、**重要なプロジェクトが形になるのを焦らずゆっくりと待てばいい。**

もちろん不安はあると思う。ミランダの時間をかけた創作活動と、単なる先延ばしを隔《へだ》てる壁はあまりにも薄いからだ。思いついた勢いで仕上げてしまいたい気持ちもわかる。一度立ち止まったら、困難なプロジェクトにふたたび戻ってこられるかどうか心配にもなるだろう。

ここからは、その不安に対処するための、現実的で具体的なアドバイスを紹介したい。「今すぐやらなければ」という焦りに振りまわされず、しかし重要な仕事への意欲を保ちつづけるための、構造化されたアプローチだ。

5年計画を立てる

たいていの人は、長期計画をせいぜい数か月先までしか考えていない。夏のあいだに新製品を出す、秋の終わりまでに論文を仕上げる。その規模の計画はたしかに大切だ。それがなければ日々の雑務に追われて、重要な仕事が前に進まなくなってしまうだろう。

ただし、それだけでは足りない。もっと長い目で見ることも必要だ。

これから5年間に、あなたは何を達成したいだろうか？

5年というのは目安なので、状況に応じて多少調整してもいい。4年制の大学に通いはじめたタイミングなら、4年間の計画を立てるのがいいだろう。この提案の鍵は、数年にわたるスパンで考える点にある。

話を具体化するために、僕自身の経験を例に挙げよう。

ＭＩＴでコンピュータサイエンスの博士課程に入ったのは、ちょうど初めての本の原稿を出版社に送った時期だった。研究者と作家のキャリアを両立したいと考えていたけれど、

ＭＩＴでの研究の多忙さを考えると、執筆を続けるのが容易でないこともわかっていた。

そこで僕は、この先5年間に何をしたいかを、詳細にイメージしてみた。

大学院生として研究しながら、本を出版しつづける。ＭＩＴを卒業するときには、何冊も著書を出している作家になっていたい。ストレスや不確実性は避けられないとしても、そこに向けて進もうと僕は決意した。

5年計画は、執筆から離れそうになる僕を何度も引き留め、目標を思いださせてくれた。そして何よりも、**短期的な進展が見られない時期に、焦らずにいられる余裕を与えてくれた。**

数年単位で計画を立てたおかげで、大学が忙しすぎて書けない時期があっても仕方ないと思えた。1冊書き終えてから次の本に取りかかるまでの不安な時期にも、書くべきテーマが明らかになるのをじっくりと待つことができた。

2冊目を出してから3冊目が出るまでの4年間には、ブログやネット記事の執筆を通じて新たなスタイルを模索していった。すでに売れていた学生向けの勉強術から、より本格的なテーマへとシフトするために、注意深く基盤を築いていたのだ。

長期計画があったおかげで、書き手としてゆっくりと成長する余地が生まれたと思う。道の終わりではなく途上だとわかっていたから、自由に探求することができた。卒業までに複数の本を出すというゴールにたどり着くための道はひとつではなく、さまざまに分岐しながら地平線の先へと続いていたのだ。

ゆっくり働きたいのにわざわざ長期計画まで立てるというのは、直感に反するかもしれない。このやり方の秘密は、目先の成果にとらわれずに生産性を評価できるところにある。リン＝マニュエル・ミランダは大学卒業後の数年間、けっして『イン・ザ・ハイツ』だけに専念していたわけではない。ほかの仕事をしながら、何度でもそこに戻ってきて、書きつづけた。そうして最終的に、すばらしい傑作を完成させてみせた。

このようなゆっくりとした、しかし着実な歩みは、長期的なビジョンのもとでこそ可能になる。

「これくらいかかる」の見積もりを2倍にする

長期計画を決めたら、次は数か月先までの仕事の進め方を考えていこう。

数か月というスパンで考える場合、目標は「ウェブサイトを立ち上げる」といった比較的大きなプロジェクトの完了、あるいは本の執筆という大きなプロジェクトのうち「最初の3章を終わらせる」といった単位になる。

この目標の立て方によって、仕事のスピードが大きく左右されるので注意が必要だ。あまり多くを詰め込んでしまうと、つねに全力で走りつづける羽目になる。たっぷりと余裕を持たせたほうが、心地よいペースで仕事を進められる。

心地よいペースに落ちつくための目安は、最初に「これくらいかかる」と感じた期間の、ちょうど2倍の期間で見積もることだ。

ウェブサイトを作るのに2週間くらいかかると感じたら、その倍の4週間で見積もっておこう。9月から12月のあいだに本を4章分書けると感じたら、その倍の時間をかけて2章分書くのを目標にしよう。

人は知的活動について、正確な見積もりを立てるのがうまくない。これは生産性に関する周知の事実だ。

人の脳は手斧《ておの》を作るとか、木の実を集めるなどの、物理的な仕事を把握するのには慣れている。ところが知的労働ではその種の直感がうまく働かず、かなり当てずっぽうに近くなる。そのため実際にはとても追いつけないような、無謀すぎる計画を立ててしまうのだ。

自分がすごいことを達成できると考えたい気持ちはわかる。「冬までに4章分書けたら余裕で本が出せるじゃないか！」と考えると気分が上がる。しかしその場では楽しい気持ちになれても、現実に待っているのは目のまわるような忙しさと、自分への失望だ。

「最初の見積もりの2倍」という基本方針を持っておけば、自信過剰な直感に流されず、心地よいペースで仕事を完了できる。

2倍も時間をかけていたら仕事の量が激減するじゃないか、という不安はあるかもしれないが、安心してほしい。もともとの計画が非現実的な幻想だったのだから、いずれにせよ2倍の仕事ができるはずはなかったのだ。

偉大な成果は、小さな成果をコツコツと積み重ねた先にある。まだ先は長い。ゆっくり行こう。

1日の作業量を半分にする

数か月の計画ができたら、今度は目盛りを最小レベルに合わせて、1日の作業量を考えよう。

スローワーキングの大きなメリットは、毎日追い立てられながら必死で作業しなくてすむ点にある。ただし、この快適さを手に入れるためには、**日々のスケジュールを思いきっ**

て削減する必要がある。

いくら長期的な目標にゆとりを持たせても、日々こなしきれないほどの雑務を引き受けてしまっては意味がない。長期計画と短期計画が食い違ってはうまくいかない。

そこで1日のスケジュールを無理のないものにするために、2つのことを提案したい。

(1) スケジュールするタスクの数を減らす
(2) カレンダーの余白を多く確保する

つまり、達成すべきことを減らして、使える時間を増やすのだ。

タスクの数を減らすというのは単純な話で、1日のタスクリストを25〜50%削減すればいい。

すでに述べたように、人は認知的な仕事の見積もりが甘く、自分を過大評価しがちだ。「これくらいできる」と思ったタスク量から、たとえば一律で4分の1だけ減らすようにすれば、そのバイアスに対抗できる。

打ち合わせや電話など他人との予定は、1日の半分以下に抑えるのがよい目標だ。

そのためのシンプルな方法は、**一定の時間を自分のために確保すること。**たとえば「午前中は会議を入れない」などと決めておくといい。

とはいえ、職場によってはその種のルールが通用しづらいこともある（「無茶言うなよ、俺は午前中しか空いてないんだ！」）。その場合、等価交換の戦略を使うほうが現実的かもしれない。つまり、30分間誰かと話す予定を入れたら、同時に別の30分間を自分のために確保するのだ。

すると、1日の予定が埋まっていくと同時に、自分専用に保護された時間も埋まっていく。新たな予定を追加するのがどんどん難しくなる。こうすれば1日の少なくとも半分は自分のために確保できるし、特定の時間をブロックしておくよりも柔軟な対応が可能になる。融通がきかないやつだと文句を言われることもないだろう。

これらの戦略は、毎日例外なく適用されるものではない。この章の後半で見ていくように、心地よいペースで働いていても、時期によってはどうしても多忙になることはある。予期せぬ事態が起こって、次から次へと会議が入る日。追い込みのために、どうしてもタスクを詰め込まなくてはならない日。そんな頑張りを否定するわけではない。

要はバランスの問題だ。日々の基本的な作業量に余裕を持たせておけば、忙しさのピークがやってきても、そのあとでゆっくりできる凪《なぎ》が続くようになる。

レベッカ・ミードの記事によると、リン＝マニュエル・ミランダは『ハミルトン』公開までの数週間、何かに憑《つ》かれたように目を真っ赤にして働いていた。しかし追い込みに入る前の時期には、まったく違う様子だったという。

まだミュージカルナンバーの作曲がいくつも残っていた時期、ミランダはよく愛犬と一緒に、ニューヨークの街をあてもなく歩きまわった。ヘッドフォンで曲のトラックをループ再生しながら、メロディーのインスピレーションが湧いてくるのを待った。

焦らずゆっくりと、時間をかけていたのだ。

うまくいかない自分に寛容になる

時間をかける戦略でもうひとつ重要なのは、**心理的に自分を追いつめないこと**だ。

作業時間の見積もりは簡単ではない。とくに難易度の高いプロジェクトでは、計画通りに行かないのは当たり前だ。

予定より大幅に時間がかかり、締め切りに間に合わないときもある。チャンスを逃してしまったり、長期的なビジョンに追いつけなくなることもある。リン＝マニュエル・ミランダのようにじっくりと傑作を育んでいるつもりが、気づいたときにはただの先延ばしになっているかもしれない。

そんなとき、自分を罰するかのように仕事を詰め込み、くたくたになるまで働いてしまう人は多い。こんなに頑張っているのだから後ろめたく感じる必要はない、そう自分に言い聞かせたくなるのだ。

でも待ってほしい。そんな働き方は持続可能ではないし、長期的に見て、重要なゴールに近づく助けにはならない。

時間をかけて取り組むなかで、一時的に自分の行きたい方向から外れてしまっても心配する必要はない。

大事な仕事をなしとげようとする人は、みんなそれを経験している。リン＝マニュエル・ミランダだって例外ではない（彼の傑作については知られていても、途中で頓挫したプロジェクトについては語られない。勢いよく着手したものの、日の目を見ることなく消えていった企画は数多くあるはずだ）。

無理のないペースで働けばすべてがうまくいくわけではない。ときには失望だってする。

そんなときは、なるべく人間らしい反応を選ぼう。自分を許すのだ。

自分を責めるのはやめて、「さて次はどうする？」と考えよう。**重要な仕事をなしとげるための鍵は、一度も間違えない完璧さではなく、何度でも戻ってくる粘り強さにある。**

行動プラン5：季節の変化を取り入れる

20世紀アメリカを代表する女性画家ジョージア・オキーフは、職業生活の多忙なスタートを切った。

1908年、シカゴ美術学院とニューヨークのアート・スチューデンツ・リーグに学び、21歳にしてすでに受賞歴もあったオキーフは、資金稼ぎのためにシカゴで商業アーティストとして働くことにした。

1910年には家族とヴァージニア州に移り、複数の教育機関で美術を教えはじめた。それからテキサスに移住し、1912年から1914年にかけてアマリロという街の公立学校で美術を教えた。夏には東海岸に戻ってコロンビア大学のティーチャーズ・カレッジでアシスタントを務める傍《かたわ》ら、ヴァージニア大学でいくつかのコースを受講した。

1915年にはサウスカロライナ州のコロンビア・カレッジで講師として働いた。その後ニューヨークのティーチャーズ・カレッジに戻り、1916年にはテキサス州キャニオンのウェストテキサス州立ノーマルカレッジで美術学部のチェアに就任した。[16]

こうして経歴をリストアップするだけでも疲れるくらいなのだから、実際にそれを生きるのはとんでもなく大変だったにちがいない。

オキーフは忙しいスケジュールの合間をぬって断続的に学びつづけ、独自の抽象的な芸術スタイルを発展させたが、けっして簡単なことではなかった。なかなか自分の時間がとれず、キャリアの初期には4年近く絵が描けないこともあった。

彼女の本当の才能を開花させるためには、忙しすぎる生活をどうにかして変える必要があった。


幸運にも、1918年に変化は訪れた。それはアディロンダック山脈の南端、ジョージ湖の西岸にある広大な田舎の土地という形でやってきた。

その土地を所有していたのは、写真家アルフレッド・スティーグリッツの家族だった。スティーグリッツが経営する画廊でオキーフの木炭作品が展示されたのをきっかけに、オキーフとスティーグリッツは親しく付き合うようになった。やがて二人は恋に落ち、結婚した。

スティーグリッツ家がジョージ湖畔の土地を購入したのは1880年代のことで、子ども時代のアルフレッドは夏になるとそこで過ごすのを楽しみにしていた。

「湖は私のもっとも古い友人だと思う」と彼は書いている。「ああ、湖とともに過ごした日々と夜々。穏やかで美しい時間。尋常でない静謐《せいひつ》さ。それは夢の時間だった、静かな奇跡の日々だった」[17]

スティーグリッツはオキーフにも「静かな奇跡の日々」を味わってほしいと思い、1918年以降、夏になると彼女をジョージ湖畔へ連れていくようになった。最初の2年間は湖岸に立つ立派な邸宅に滞在していたが、スティーグリッツ家がその区画を売却したので、付近の丘の上にある質素な農家に移った。

ここがオキーフにとって、創造性を最大限に発揮できる空間となった。

オキーフは田舎暮らしになじみ、毎朝ふもとの村まで歩いて郵便物を取りにいった。近くの山まで2マイルの道のりをハイキングし、湖を一望できる山頂から蒸気船の行き交う眺めを楽しむこともあった。

そして何よりも、彼女は絵を描いた。1918年から1934年にかけて、農場の小屋を改造したアトリエで、オキーフは200点以上の絵画を制作した。[18] 数多くのスケッチやパステル作品も描いた。

周囲の自然がインスピレーションの源だった。ときには湖や山々の雄大な景色を描き、ときには樹木や花の繊細な細部を捉えた。

秋になるとキャンバスを都会に持ち帰り、完成させて展示した。自然をモチーフにした抽象画は高く評価され、オキーフは一躍アート界の有名人となった。

ジョージ湖で過ごした日々は、彼女のキャリアでもっとも生産的な時期だったと考えられている。

*

季節によって仕事の強度と焦点を変えるアプローチは、多くの人の共感を呼ぶ働き方だ。夏になるとジョージ湖に引きこもって創造性をじっくりと解き放ち、秋に忙しい都会へと戻っていくオキーフの姿は、どこか自然な営みのように感じられる。リンカンシャーの田舎で重力に思いをめぐらすアイザック・ニュートンや、フランスの田舎で英気を養うマリ・キュリーも、季節性のある働き方をしていたと言えるだろう。

こうした季節性は、現代の職場、とくに知的労働においてはかなり稀《まれ》になっている。専業で創作に取り組むアーティストや作家、あるいは夏休みのある教員を別にすれば、ほとんどの人は一年中変わらないリズムでパソコンの画面に向かっているのではないだろうか。

オキーフは特別恵まれているように見えるかもしれないが、仕事のスケジュールという意味では、変化のない現代の働き方こそが異端である事実を忘れてはならない。

すでに見てきたように、地球上の大多数の人々の労働生活は農業と結びついていた。農業はまさに季節に左右される活動だ。変化も休息もなく一年中働くなんて、ほとんどの祖先にとっては異常に思えることだろう。


季節性は人間の経験に深く刻み込まれているのだ。


現在の状況は、けっして必然ではない。製造業の工場労働に季節性を取り入れるのは難しいかもしれないが、知的労働はそれよりずっと柔軟だ。季節によって仕事との関わり方を変えられるチャンスはいくらでもある。

別に田舎の湖畔に広大な土地を手に入れなくてもいい。会社のデスクで働きながらでも、ある程度の自然な変化を取り戻すことはできる。

続くセクションで、そのための具体的な戦略を紹介しよう。

オフシーズンを設定する

2022年7月、この本の執筆を本格的に始めた頃、あるトレンドが話題になった。事の起こりはティックトックで @ZKChillin というユーザーが投稿した17秒の動画だった。[19]

落ちついたピアノ音楽とともに映しだされるニューヨークの街並み。地下鉄、繁華街、住宅地、そしてなぜか子ども用のシャボン玉マシーン。

「ひそかな退職という言葉を最近知った」とナレーターが語りはじめる。「仕事をやめるわけじゃないが、仕事で必要以上に頑張るのをやめるんだ」

彼はさらに、仕事こそが人生とみなすハッスルカルチャーの風潮を否定する。

「本当はそうじゃない。労働が人の価値を決めるわけがない」

多くのティックトック動画がこれに続いた。おもに若い世代の語り手たちが、ひそかな退職を真剣に宣言しはじめた。

旧来のメディアもこのトレンドを取り上げた。8月初め、ガーディアン紙は軽いニヒリズムを含む論調でこう述べた。

「現代の仕事の無意味さが（そしてパンデミックが）、多くの人に仕事への取り組み方を問い直させている」[20]

ニューヨーク・タイムズ[21]とNPR[22]もまもなく同様の記事を掲載した。億万長者のケビン・オレアリーまでこの話題にコメントしている（もちろん彼のような実業家に言わせれば、ひそかな退職は「ひどく悪い考え」なのだが[23]）。

インターネットのトレンドには付きものだが、ひそかな退職の動きが話題になると、それに対する冷笑や批判も群《むら》がってきた。

「最近の若者は」という雑な論者がティックトックの退職ブームをあざ笑い、「人の価値は労働で決まらないとしても、給料はまちがいなく労働で決まりますよね」などとしたり顔で語った。ひそかな退職を甘えと決めつけ、そんなのは問題から逃げているだけだ、不満があるなら正面から話し合いなさいと説教する人もいた。

オンライン活動家も議論に乗り込んできて、そのやり方で大きなダメージを受ける脆弱《ぜいじゃく》な立場の人のことを想像すべきだ、などと批判を始めた。また伝統的左派の面々は、この議論自体が中産階級的な発想にすぎず、資本主義の解体なしに問題の根本は解決しないと主張した。[24]

まあ面倒な議論は脇に置いておこう。あくまでも実用的な観点から見れば、ひそかな退職の核心には、ひとつの洞察がある。

仕事の負荷は、案外自分でコントロールできるという洞察だ。

ひそかな退職の戦術はシンプルだ。余分な仕事に手を出さない、5時にはきっぱり退社する、「ノー」と言うことに慣れる、時間外のメールやチャットに返信しない。こうした小さな変化が大きな安心感につながる、と多くの実践者が報告している。

それを知って、僕は考えた。

ひそかな退職を仕事からの逃げではなく、仕事に季節性を取り入れる戦略として位置づけられないだろうか？

たとえば、毎年夏か冬のシーズンに2か月ほど、ひそかな退職期間を作るのはどうだろう。上司や取引先に公表する必要はない。目立たないようにそっと実行して、その期間が終われば何食わぬ顔で通常のペースに戻るのだ。

これをうまく実行するためには、できればオフシーズンの前に大きめのプロジェクトを完了させて、期間中はあまり大きなプロジェクトを引き受けないようにする必要がある。

高度な戦術としては、何か目立つけれども仕事量の少ないプロジェクトを引き受けておいて、ほかの仕事が入ってこないようにする手もある。「そのプロジェクトはぜひ担当したいのですが、今月は新しいマーケティングソフトウェアの習得で忙しいんです。年明けまで待っていただけますか？」というふうに調整するといい。アリバイを選ぶうえで大事なのは、あまりチームワークを必要とせず、会議や緊急対応の少ないプロジェクトを選ぶこと。たとえば一人でできる調査やレポート作成は理想的だ。

自営業者なら、スローシーズンを設定するのはさらに簡単だと思う。頑張っているふりを誰かに見せる必要はないからだ。あとで論じるように、自営業者はもっと大胆な季節性を検討してみてもいい。

ともかく今覚えておいてほしいのは、**ほとんどの知的労働において、年に数か月スローダウンしても大きな問題にはならない**ということだ。

つねにプロジェクトを回避していたら上司に気づかれるかもしれないし、仕事の依頼をすべて断っていたら取引先の機嫌を損ねるかもしれないが、1か月や2か月ゆっくりしたところで誰も気づきはしない。

ジョージア・オキーフの湖畔の夏のように劇的な変化ではないにせよ、非公式にでもゆつくりできる期間をとれば、仕事生活の持続可能性は大きく改善するはずだ。

10か月働いて2か月休む

ジェームズ・ボンドのスパイ小説で知られる作家イアン・フレミングは、第二次大戦後、イギリスのケムズリー新聞社に就職した。ケムズリーはサンデー・タイムズ紙などを傘下に持つ有名なメディア企業だ。

フレミングは海外担当部長として雇われ、広範な海外特派員ネットワークの責任者となった。イギリス海軍情報部で各国を飛びまわっていた彼は、この仕事に適任だった。ただし、ここで注目すべきなのは職務内容ではなく、この仕事を引き受けるときにサインした契約の内容である。

フレミングは**毎年10か月だけ働き、残りの2か月は長い有給休暇を取る**という契約を結んだ。

この例外的な契約のきっかけは、1942年に遡《さかのぼ》る。

当時34歳の指揮官だったフレミングは、ゴールデンアイ作戦の一環として、ドイツのU

ボート（潜水艦）の動きを調査するためにジャマイカへ派遣された。カリブ海に浮かぶ島国の静けさと美しさに、フレミングはすっかり心を奪われた。戦争が終わったら必ずこの地に戻ってくる、と彼は誓った。

この約束を果たす機会は１９４６年に訪れた。オラカベッサ湾の小さな港町の近くで、15エーカーの土地が売りに出されているという知らせがフレミングの耳に入った。

それほど見事な土地ではない。低い岬に位置するその区画はロバの競馬場の跡地で、地面は頑丈な雑草に覆いつくされていた。それでも、フレミングはその土地が気に入った。すぐに代理人に電報を送って土地を購入させ、地面をならして平屋の簡素な家を建てた。

床はコンクリートがむき出しで、配管もお粗末なものだった。新居を訪れた旅行作家のパトリック・リー・ファーマーによると、海を望む窓にはガラスさえ嵌《は》まっておらず、雨が降るたびに外側の雨戸を閉めなければならなかった。

「この巨大な四角形の雨戸が、たえず変化するフレスコ画のように目を楽しませるのだ」とリー・ファーマーは述べている。[25] フレミングはこの無骨な家を、戦時中の思い出にちなんで、ゴールデンアイと名づけた。

これが年に2か月の休暇を求めた理由だ。戦時中の約束通り、毎年冬になると陰鬱なロンドンを離れて、ゴールデンアイでゆっくりと羽を伸ばす。

はじめは純粋に享楽的な日々だった。朝は家の下の入り江でシュノーケリングをし、そして暗い戦争体験を埋め合わせるかのように、これでもかと豪遊した。

しかし1952年になると、新妻アン・チャータリスの勧めで、休暇中に小説を書きはじめた。私生活のストレスを抱えていたので、気晴らしになればという考えだった。[※10]

その冬のうちにフレミングは「ジェームズ・ボンド」シリーズの第1作『カジノ・ロワイヤル』の草稿を書きあげた。その後ジェームズ・ボンドの小説を12冊以上書くあいだ、フレミングはいつも同じルーティンで仕事を進めた。

秋にロンドンで新作のプロットを考え、冬になるとジャマイカの陽光のもとで第一稿を完成させ、春に帰国してから完成稿を仕上げて出版社に送った。

こうした季節ごとの休暇の話を読むと、憧れと同時に、どうせ手が届かないという苛立ちを感じるかもしれない。

寒さを逃れてカリブ海の陽光を浴びながら、フレミングは現代のエンターテインメントのなかでもっとも忘れがたいキャラクターを作りあげた。ジョージア・オキーフは静かな湖のほとりで独自の抽象画のスタイルを見つけだした。毎年仕事を忘れてゆっくり過ごせる時間さえあれば、自分だって創造性を解き放つことができるのに。

とはいえ、21世紀の知的労働者にとって、フレミングほどの自由を獲得するのは容易ではないように思える。前述のように、人知れずオフシーズンを設定するくらいのほうが現実的かもしれない。それはそれでもちろん役立つが、海への逃避ほど心躍るものではない。でも、フレミングのやり方は本当に現代人にとって達成不可能なのだろうか？

第3章で紹介したジェニー・ブレイクを思いだしてほしい。フレミングと同じく、ブレイクも毎年2か月間、業務を離れて休暇をとっている。

ただし彼女の場合、雇用主から特別待遇を勝ちとる必要はなかった。自分で小さなビジネスを経営し、年に2か月の休みが取れるように仕事の案件を調整しただけだ。

収入はそのぶん減るけれど、彼女が求めているのはお金の最大化ではなく、生活の質の最大化だった。年収が2割減るのは、毎年ゆっくりできる時間を手に入れるための非常にフェアな対価だった。

作家アンドリュー・サリヴァンも同じ方式を採用している。毎年8月になると蒸し暑いワシントンDCを離れ、マサチューセッツ州東端の半島の先にあるリゾート地で素朴なコ

※10：ストレスの具体的な内容は、愛人が妊娠したため結婚に踏みきったことだった。結婚して父親になると思うとすっかり気分が落ち込み、妻はそんな夫を励まそうと執筆を勧めたのだ。まあ要するに、イアン・フレミングは人格や道徳性を学ぶための人物ではないということだ。

テージに滞在する。ニュー・リパブリック誌の編集者をしていた彼は、現在ではほぼ完全に有料ニュースレターの購読料で生計を立てている。

理論的には、夏の時期に何週間もニュースレターの更新が止まるのは、月額料金を払っている読者にとって好ましくはない。でも読者はそれほど気にしていないようだ。サリヴァンは夏になると休暇をどう過ごそうかと思いめぐらすエッセイを配信し、その数週間後にエネルギーに満ちあふれた様子で戻ってくる。書き手も読者も、それで満足しているのだ。

もっと柔軟なやり方をしている人もいる。データベースエンジニアのルル・ヤングは、フリーランスの立場をうまく利用して、臨機応変に休暇を取得している。大きなプロジェクトが終わると、数週間休みをとって旅行に出かけたり、新しい趣味に没頭したりする。最近はスキューバダイビングを習い、パイロットの資格を取得し、6週間かけてタイの親戚を訪問するなどしているようだ。

長い休暇だけでなく、プロジェクトの最中にも気が向いたら1日か2日仕事をさぼって気晴らしをする。

「姪《めい》や甥を連れて遊びに行くことが多いですね」と彼女は言う。「たぶん、この街の誰よりも子ども向け博物館や動物園に行ってると思います」[26]

就労時間が決まっている会社員の場合、数週間や数か月のまとまった休暇を取るのは実際に難しいかもしれない。しかし自営業の人の場合は、つねに忙しく働くべきだという文化的規範のせいである可能性が高い。

フレミングやブレイク、サリヴァンやヤングが示すように、思いきって長い休みをとっても何かひどいことが起こるわけではない。

短期的には収入がいくらか減るとしても、それによって得るものは失うものよりずっと大きいはずだ。

小さな季節の変化を作る

季節性を取り入れる手段は、長いオフシーズンだけではない。もっと短い期間で仕事の強度に変化をつけるのもひとつの手だ。要は、年中ずっと高負荷の状態が続くのを避ければいい。

ジョージ湖畔での夏休みは平坦な日々を逃れる理想的な方法だが、月に1〜2回、平日に休みをとるだけでも同様の効果は得られる。「小さな季節」を作るのだ。

ここでは、小さな単位で季節性を実現するための4つの具体案を紹介したい。それらの例を応用して、自分自身の働き方に変化を加えるためのアイデアを考えてみてほしい。きっと心も体もリフレッシュできるはずだ。

○会議フリーの月曜日

月曜日には、会議を入れるのをやめよう。

同僚に周知する必要はない。誰かが会議のためにスケジュールを尋ねてきたら、月曜日は無理だと言うだけでいい。月曜日は週全体の20％にすぎないのだし、その日が空いていなくてもほかの人たちにとって大きな損失にはならないはずだ。

そしてあなたにとっては、得られる利益はとても大きい。週末から平日へ移行するタイミングで、心身の余裕ができるからだ。月曜のスケジュールがすっきりと空いていれば、日曜の夜もそれほど憂鬱にならなくてすむ。

会議のない日は自分の仕事に集中できるので、重要なプロジェクトを進めるのにも絶好のチャンスだ。月曜がうまく合わないなら、ほかの曜日でもかまわない。金曜日を会議フリーにするほうが自分の仕事の進め方に合うかもしれないし、週の真ん中にクリアな1日があるほうが効果的かもしれない。

このアイデアの鍵は、雑然と混み合ったカレンダーのなかに小さな平和の砦《とりで》を確保することにある。

○平日午後の映画鑑賞デー

平日の午後に映画館に行くと、心が洗われる感じがする。

「今頃みんな仕事をしているんだ」と思いながら映画を見にいくのは、非日常的な体験だ。変わり映えのしない日々の憂鬱から心を解き放ってくれる。

この精神的な浄化作用は、定期的に取り入れる価値があると思う。たとえば月に一度、午後に映画を見にいくと決めて、あらかじめカレンダーに定期登録しておくといいだろう。

心のなかだけでなくカレンダーに書いておけば、ほかの予定に邪魔されずにすむ。30日のうち1日だけ、午後にいなくなったとしても、たいていの職場では誰も気にしないはずだ。誰かに訊《き》かれたら「ちょっと私用で」と答えておけばいい。それは事実だからだ。

もちろん重要な場面に影響しないように、合理的な範囲で計画を立てる必要はある。緊急事態が発生したり、特別に忙しい週にあたった場合は、別の日にずらしてもいい。

なんだか後ろめたい気がするなら、これまで夜間に仕事をしたり週末にメールを書いていた時間のことを思いだそう。ときどき平日の午後に休むくらいで、ちょうどバランスがとれるのではないだろうか。

映画に興味がないなら、ほかの活動でも同じ効果は得られる。博物館を訪れてもいいし、ハイキングに行ってもいい。ここでのポイントは、平日にちょっとした気晴らしを取り入れるだけで、平坦な労働のストレスから解放されることにある。

○休息プロジェクトを計画する

大きな新規案件のためにカレンダーの予定をごっそり埋めていくのは、あまり楽しい作業ではない。カレンダーが埋まるごとに時間の自由度は減り、やるべき仕事の多さに軽く絶望する。人生のすべてが仕事に支配されているみたいだ。

このストレスを緩和するのに打ってつけなのが、仕事のプロジェクトと休息のプロジェクトをセットにする戦略だ。

大きな仕事のプロジェクトをカレンダーに登録したら、その直後に数日〜数週間、自分のための休息や遊びの予定を登録しよう。

たとえば大学で働いていて、次の年度に向けた人材採用委員に任命されたとする。5月前半まではかなり忙しくなりそうだ。そのバランスをとるために、5月の後半には休息の時間を確保して、自分のための活動にあてよう。

フランシス・フォード・コッポラの70年代の映画を全部観る、新しい言語を学ぶ、すっかりさぼっていたＤＩＹを再開するなど、内容はなんでもいい。ハードな仕事のあとには、思いきり羽を伸ばして楽しもう。

たとえ小さめの休息プロジェクトでも、ないよりはあったほうがずっといい。仕事と遊びのリズムこそが、人生に欠かせない変化を生みだしてくれるのだ。

○サイクルで働く

ベースキャンプ（Basecamp）というソフトウェア開発会社は、革新的なマネジメント実践で知られている。共同創設者のジェイソン・フリードが『NO HARD WORK!』という本を出してハードワークを否定していることからも、その雰囲気がうかがえるだろう。ベースキャンプの面白い方針のなかに、仕事を「サイクル」単位で回すというものがある。

ひとつのサイクルの長さは6～8週間で、そのあいだメンバーは明確かつ緊急の目標に集中する。そして各サイクルが終わると、2週間のクールダウン期間が設けられる。肩の力を抜いて小さな問題を処理しながら、次に取り掛かるべきプロジェクトを決定する期間だ。

ベースキャンプの社員ハンドブックには次のように書いてある。

「サイクルを延長してクールダウン期間に仕事を進めたい誘惑はあると思います。そんな誘惑に抗うことが大切です」[27]

これは自然な季節性を尊重する戦略だ。休みなしで重要な案件に集中しつづけると、疲労によって全体としての仕事の強度は落ちてしまう。サイクルの合間に定期的な休みを入れたほうが、サイクル内での仕事の質は高まる。

つねに疲れきっているのにくらべると、短期間で集中するほうが全体的な成果も増える可能性がある。それに何より、働く人たちが燃え尽きるのを防ぐことができる。

サイクルの導入は、先ほど述べた休息プロジェクトやオフシーズン戦略の、さらに構造化された実装である。ベースキャンプのハンドブックを参照しながら、このアイデアを正式な方針として上司に提案するのもいいだろう。

周囲の理解が得られるかどうか心配なら、誰にも言わずにこっそりとサイクルを実践してみてもいい。

2週間のクールダウン期間をとったからといって、仕事が遅いと責められることはないはずだ。むしろ、サイクル内での仕事の成果が上がり、周囲からの評判も高まるのではないだろうか。

『オン・ザ・ロード』は3週間で書き上げられたのか？

1959年、作家ジャック・ケルアックがトーク番組『スティーヴ・アレン・ショー』に出演した。

対話はすぐに、その2年前に発売されたケルアックの傑作小説『オン・ザ・ロード』の話題になった。[28]

旅の風景とともにビート・ジェネレーションの思想を綴《つづ》る『オン・ザ・ロード』は、ジャズ音楽に触発された即興的な文体を特徴とする小説だ。

小説の語り手サル・パラダイスは、物語の序盤でこう語る。

> おれの眼中にあるのは狂ったやつだけ、狂ったように生きてしゃべって、狂ったように救われたがってる、全部いっぺんに欲しがるやつら、あくびする暇なんてない、ありきたりな文句は言わない、熱くただ燃えるんだ、ババンと弾ける花火みたいに。

まるでケルアックの思考がそのままページに転がり落ちてくるような速い文体だ。スティーヴ・アレンとケルアックの会話は、この印象をさらに強くする。

「ジャック、ちょっと真面目に聞きたいんだけど、いいかな」とアレン。「『オン・ザ・ロード』を書くのに、どれくらい時間がかかった？」

「3週間」とケルアック。

「え、何週？」

「3週間だ」

ケルアックは3週間で一気呵成に書きあげただけでなく、長いロール状の紙をタイプライターにセットし、紙の入れ替えによって思考が中断されないようにしていたという。義兄のジョン・サンパスは後にこう語っている。

「本当に息つく暇もないほどに、すごい速さで書いていた。まさに車で駆け抜けるようにね」[29]

ケルアックの逸話をここで取り上げたのは、スローワーキングへのよくある反論を想起させるからだ。

「心地よいペースなんて遅すぎる」と多くの人は言う。偉大な仕事をなしとげるには、全力で集中して一気に進めなくてはならない。時間をかけたり休息を入れたりするのは、退屈な仕事を乗り切るにはいいかもしれないが、重要な仕事を進めるには適していない、と。

たしかに重要なプロジェクトには、思いきり集中的に取り組まなければならない局面があると思う。

ただ、それは一時的なもの、いわば最高速度の話だ。

極度の集中を保ったまま、ずっと最高速度で走りつづけるプロジェクトなど見たことがない。ケルアックだって例外ではない。

義兄が2007年のインタビューで明らかにしているが、ケルアックが「3週間」と言ったのは、初稿をタイプライターで打ち込んでいく期間を意味していた。実際にかかった時間はそれよりもかなり長い。

1947年から1949年にかけて、ケルアックは日記に小説の草稿を少しずつ書き溜めていた。そして駆け抜けるように初稿を書きあげたあと、実際に出版できる形になるまでには6年かかった。その期間に6つの異なるバージョンの原稿を用意し、出版社に受け入れられる形を探っていった。

ケルアック研究者のポール・マリオンは次のように説明する。

「ケルアックという男には、思いつくままに書いていくイメージがあります。即興で書いてそのまま本になるように思われていますが、それはあくまでもイメージです。現実のケルアックは職人肌で、綿密に書いていた。執筆のプロセスをとても大事にしていました」[30]

『オン・ザ・ロード』の文体は速い。しかしそのスピード感を出すための執筆作業は、時の試練に耐える多くの作品と同様、非常にゆっくりしたペースだったのだ。

行動プラン6：芸術家の創作環境に学ぶ

詩人メアリー・オリバーは、心地よいペースで働く達人だった。
つらいことの多かった子ども時代、オリバーはよく故郷オハイオの森をひとりで歩きまわった。「それが私の命を救ったと思う」と、彼女は2015年の貴重なインタビューのなかで語っている。[31]
暗い時期に一筋の光を求めてさまよった長い散策のおかげで、自然のなかに宿る詩の可能性に気づけたという。

屋内は好きじゃなくてね。学校で私の唯一の記録更新といえば、ずる休みの日数くらい。森へよく行きました。ホイットマンの詩集を鞄に入れてたっけ。本も好きだけど、動くのも好きだった。小さなノートにその時々の印象を書き留めて、それをあとで詩に仕上げるんです。

散策しながら書く習慣はその後も続いた。オハイオからニューイングランドに移り住んだあと、彼女は簡素だが心にしみる作風で、自然を描いた詩を発表しはじめた。

けっして速いペースではなかったが、そのキャリアはまさに生産的というほかない。1984年に出した5冊目の詩集でピューリッツァー賞を受賞し、1992年に出版した詩のコレクションは全米図書賞を受賞した。

オリバーは2019年に亡くなったが、現代のアメリカでもっとも広く読まれ、愛される詩人の一人でありつづけた。

オリバーの話は、スローワーキングの第2原則を実行するためのすばらしいアイデアを教えてくれる。**心地よいペースとは、仕事にかける時間だけでなく、仕事をする「場所」や「雰囲気」の問題でもあるのだ。**

フランスの哲学者ガストン・バシュラールが『空間の詩学』で述べているように、場所には人の認知的現実を変容させる力がある。

たとえば住宅について論じるなかで、バシュラールは「住まいの空間は幾何学的空間を超越する」という言葉を残している。[32] 階段は、単に規則正しく並んだ段差の集合体ではない。それは幼い頃、雨降りの夏の午後にきょうだいと遊んだ場所だ。その表面と細部は、人の経験と複雑に絡み合い一体となっている。

空間の力は、仕事の文脈でも作用する。オリバーが森を散策したのは、ただ静けさを求めてのことではなかった。

森という空間に編み込まれた記憶の糸が豊かに共鳴し、自宅の整然としたオフィスで机に向かうよりも多様で生き生きとした、まさに自然な仕事のペースを生みだしてくれたのだ。

自分の重要な仕事を、この詩的なレンズを通して眺めてみてほしい。物理的な空間と儀式を注意深く選び取れば、仕事はより面白く、持続可能な体験に変わる。さらに、自分の内にひそむ才能を最大限に引き出すこともできるだろう。

大事なのは、メアリー・オリバーにとっての森のように、**自分にとっての魔法の場所を見つけること**だ。そのための具体的な手段をいくつか見ていこう。

自分らしい作業空間をデザインする

効果的な作業空間を作るためのコツは、**自分が達成したい内容に合わせた物理的環境を**

選ぶことだ。

たとえばメアリー・オリバーは自然についての詩を書く人だったので、森のなかの長い散歩はそのまま詩の内容に直結していた。ほかにも多くの作家が、最適な物理的環境を利用して作品の個性を引きだしている。

先述のリン゠マニュエル・ミランダは、アメリカ革命期を描くミュージカル『ハミルトン』を執筆するために、マンハッタンでもっとも古い建物であるモリス゠ジュメル邸の使用許可を得た。独立戦争のハーレムハイツの戦いで、ジョージ・ワシントン軍の本部として使われた建物だ。ハミルトンの宿敵アーロン・バーが副大統領時代に住んでいた家でもある。

「出来事が積み重なった、まさにその場所に立っていると思うと最高だね」とミランダは言う。[33]

『ダ・ヴィンチ・コード』が大ベストセラーとなったダン・ブラウンは、ニューハンプシャー州ライビーチの海岸近くに、ゴシック風の要素をちりばめたこだわりの家を建てた。[34]図書室の隠しボタンを押すと本棚が左右に動き、展示ケースが現れる。リビングルームの絵画の隅に触れると、秘密の部屋に続く隠し通路が開く。バスルームの扉の内側にはレオナルド・ダ・ヴィンチのノートのページが飾られ、ダ・ヴィンチお得意の逆さ文字の暗号が書かれている。扉を閉めると、浴室の鏡に映ったテキストが読めるという仕掛けだ。

そんな家に住むのは落ちつかない気もするけれど、途方もない陰謀を描くミステリー作家にとっては、それこそが正しいリズムを見つけるのに適した環境なのだろう。

作家でなくても、同様の効果を仕事環境に取り入れることはできる。広告会社のエグゼクティブなら、ドラマ『マッドメン』のような60年代風のインテリアでオフィスを飾るのも一案だ。音楽関係の仕事ならオフィスを楽器だらけにしたり、エンジニアなら作りかけのガジェットをちりばめてもいいだろう。

フランシス・フォード・コッポラは映画制作のオフィスにハンダゴテやスイッチやダイオードをつねに置いている。子どもの頃に電子工作が大好きだったので、その道具を見るとゼロから何かを作り上げる新鮮な喜びを思いだせるそうだ。[35]

白い本棚に量産品のポスターといった無個性なホームオフィスを見るたびに、僕はもっとその人らしい空間を想像せずにはいられない。

こだわりの空間を作れば、仕事は今よりずっと楽しい営みになるはずだ。

自宅の外に仕事場を設ける

1960年代後半、作家のピーター・ベンチリーと妻のウェンディは、ニューヨーク近郊で静かな住まいを探していた。ニュージャージー州プリンストンを考えていたが、予算的に厳しかったので、プリンストンの西にあるペニントンという小さな町に落ちついた。

この土地でベンチリーは、巨大なホホジロザメが海辺の町を恐怖に陥れるスリラー小説『ジョーズ』の執筆に取りかかることになる。

『ジョーズ』がペニントンの町で書かれたことは以前から知っていた。僕の実家がそのすぐ近くだったのだ。ベンチリーの家は懐かしい雰囲気の戸建てで、針葉樹の生い茂る広い敷地に囲まれていた。

子どもの頃、僕は2階の自室で宿題をしながら、ベンチリーもこうして庭を見下ろしながらあの印象的なシーンを書いたのだろうかと想像したものだった。

しかし残念ながら、ベンチリーが実際に執筆を進めたのはあの牧歌的な家のなかではなかった。最近になって知ったのだが、ベンチリーはその当時、暖房会社の奥に狭いスペースを借りて執筆していたのだ。[36]

地元の歴史協会の助けを借りて少し調べたところ、この会社はペニントンの大通りの北端にあるブルックサイド通りに位置していた。妻のウェンディ・ベンチリーは、その騒々しい場所を思いだしてこう語っている。

「暖房を作る機械に囲まれて書いてるんです。バン！　バン！　バン！　とすごい音がするのに、彼は気にならない様子でした」

素敵な家がありながら、わざわざ不便な環境で仕事をしたのはベンチリーだけではない。詩人のマヤ・アンジェロウは、いつも簡素なホテルの部屋で執筆した。壁の装飾はあらかじめ取り除いてもらい、ハウスキーピングはゴミ箱の中身の回収だけを頼んだ。

彼女はいつも朝6時半に到着し、手には聖書と黄色いパッド、それにシェリー酒のボトルを持っていた。執筆用のデスクは不要だった。ベッドに横になり、片肘をついて仕事をしたからだ。そのせいで肘の皮膚がガチガチに硬くなってしまった、とインタビューのなかで語っている。

ピューリッツァー賞作家デヴィッド・マカルーは、マーサズ・ヴィニヤード島の真っ白なビーチハウスに住んでいた。その家にはよく整ったホームオフィスがあったが、マカルーは裏庭にあるこぢんまりとした離れで書くことを好んだ。

アメリカ文学の巨人ジョン・スタインベックはさらに冒険的だった。彼はキャリアの晩年、ニューヨーク州東端にあるサグハーバーという海辺の町で夏を過ごしていたのだが、とつぜんその美しい町を離れると言いだした。そして文学エージェントのエリザベス・オーティスに言った。

これからは釣り船に携帯用の机を持ち込んで、波に揺られながら執筆するんだ、と。


こうした奇妙な執筆環境については、2021年春に書いた記事でも紹介した。[37] ちょうどコロナウイルスの緊急事態がいくらか落ちついてきた頃の記事だ。

ビジネス界隈では、リモートワークがこのまま新たな働き方として定着するかどうかが議論されはじめていた。しかし、ずっと自宅で働くのは本当に現実的だろうか、というのが僕の言いたかった論点だ。

プロの作家はある意味で元祖リモートワーカーである。その仕事習慣を見ると、多くの人が自宅以外の仕事場所を探し求めていたことがわかる。たとえ暖房会社のやかましい騒音に耐えなくてはならないとしても、自宅よりは働きやすいと感じていたようだ。

問題は、自宅があまりになじみ深い場所だという点にある。生活感あふれる日常の風景を目にすると、脳がうまく仕事モードになってくれないのだ。
ホームオフィス（兼寝室）の外で洗濯かごの前を通りすぎるとき、脳は家事の文脈にシフトしてしまい、本来やるべき仕事に集中するのが難しくなる。これは人の脳が連想によって動くからだ。

溜まった洗濯物の光景は「家事をやらねば」というストレスフルな考えを無意識のうちに誘発する。神経学者のダニエル・レヴィティンの言葉を借りれば「意識に到達しようと押し寄せる神経ネットワークの交通渋滞」が引き起こされ、うまく頭が回らなくなる。

仕事も家事も、片づけねばならないタスクとして同じように脳のリソースを要求するからだ。

だからこそベンチリーは暖房会社に、マカルーは裏庭の小屋に引きこもった。それはよりよい仕事をするのに有利な環境だった。自宅でないからこそ、脳の連想的記憶を落ちつかせて時間の認知をゆるやかにし、やるべき仕事に注意を集中させることができたのだ。

さらにこれらの例は、**仕事環境が必ずしも美しくある必要はない**と教えてくれる。

たしかにメアリー・オリバーは風光明媚《ふうこうめいび》な森をさまよいながら心の深みに降りていったけれど、マヤ・アンジェロウは何の変哲もない安宿の部屋で同じ効果を得ていた。要は、**見慣れた日常を離れればいい**のだ。

創造的な集中のための砦は、必ずしも立派な城壁に囲まれている必要はない。ただ、汚れた洗濯物が目に入らない場所であればいい。

2021年の記事で、僕はこうした気づきをもとに、リモートワークと在宅勤務を分けて考えるべきだと主張した。

もしも企業がオフィスを閉鎖したいのなら、そのぶんのお金を従業員に還元して、自宅の近くに仕事用のスペースを借りられるようにするべきだ。生活感あふれる自宅から解放されれば、全体として生産性も満足度も上がるにちがいない。

あなたもこのことを念頭に置いて、自分だけのクリエイティブな仕事環境を見つけてほしい。仕事場を探すときは、過度になじみ深いものに注意しよう。

たとえ不恰好でも、見慣れないほうがずっといい。

儀式で心を整える

古代ギリシャの神秘的な儀式は、しばしば誤解されている。

宗教学者のカレン・アームストロングが2009年の著書『神を擁護する』（未邦訳：

The Case for God）で述べているように、紀元前6世紀に発展した秘儀は「理性の放棄でもなければ、無意味な迷信にひたるものでもなかった」[38]。それらはむしろ、参加者に特定の心理的効果を与えるよう周到に構築されたものだった。

たとえば、アテネの西に位置するエレウシスの町で毎年おこなわれたエレウシスの秘儀を見てみよう。この儀式は、娘のペルセポネーを取り戻すためにエレウシスへ旅をした女神デーメーテールを祝うものである。

アームストロングによれば、エレウシスは新石器時代から秋の祝祭の場所であったと考えられるが、紀元前6世紀になって本格的な神殿が建設され、より深い体験をもたらす正式な秘儀がおこなわれるようになった。

毎年秋に新たな参加者が募集され、志願者はまずアテネで2日間の断食《だんじき》をした。そしてペルセポネーに子豚を犠牲《いけにえ》として捧げてから、約30キロの道のりを歩いてエレウシスに向かった。前年の参加者もこれに同行し、新参者を脅かしたり罵《ののし》ったりしながら、ぶどう酒と酩酊《めいてい》の神ディオニュソスの名を繰り返し叫んだ。参加者を興奮させ、熱狂の渦に巻き込むためだ。

日が落ちてからエレウシスに到着した参加者たちは、疲れきった体を休める暇もなく、たいまつの灯《あか》りに導かれて暗い街路を進んだ。やがて方向感覚がなくなり、不安感に包まれながら、一行は秘儀がおこなわれる神殿の真っ暗な入り口に吸い込まれていく。[39]

そこで繰り広げられた秘儀の内容は口外禁止だったため、詳しいことはほとんどわかっていない。おそらく動物が捧げられ、神秘的な啓示があったのだろう。アームストロングはさらに「恐ろしい見せ物」があった可能性を指摘する。たとえば子どもが火に投げ込まれそうになり、寸前のところで助けられるといったイベントだ。

すべては暗闇と光のせめぎあいの中でおこなわれた。炎がゆらめき、奇妙な音が鳴り響いた。いくつかの報告によると、儀式は歓喜のクライマックスを迎え、冥界から戻ったペルセポネーが母親と再会する場面で締めくくられたという。

エレウシスの秘儀は、参加者に何らかの一貫した教義を伝える類いのものではなかった。もしも儀式をすべて文章で説明したら、客観的には筋の通らない馬鹿げたものに見えたはずだ。

儀式の目的はむしろ、それがもたらす心理的効果にあった。儀式をくぐり抜けた参加者たちは、死への恐怖が消えたと報告している。聖なる存在との一体感を感じたと語る人もいる。

哲学者アリストテレスはこの宗教的プロセスを次のように説明している。

「参加者はエレウシスに何かを学びに行ったのではなく、体験と精神の変容を求めて旅立ったのだ」[40]

こうした古代ギリシャの秘儀は、儀式全般について重要なことを教えてくれる。儀式の力はその具体的な中身にではなく、**それがもたらす心の変化**にあるのだ。儀式が大がかりであればあるほど、有益な変化が起こる可能性は高い。

メアリー・オリバーの森の散策もそういうものだった。長い距離を歩き、森の奥へ入っていくにつれて、眠っていた感情が呼び起こされ、心がやわらかく感じやすくなっていった。ただ森の端に座っていただけだったら、その効果は薄れていただろう。長い散策という儀式が、創造性を引きだすためには必要だったのだ。

日々の儀式には、実に多くのバリエーションがある。メイソン・カリーは著書『天才たちの日課』で、偉大な思想家や創作者の風変わりな習慣を広く紹介している。

たとえばデヴィッド・リンチは新作映画の構想を考えるとき、ファミリーレストランでチョコレートミルクシェイクのLサイズを注文するのが習慣だった。糖分でハイになった勢いで潜在意識からアイデアを引っぱりだし、それを紙ナプキンに書き留めておくのだ。[41]

イラストレーターのN・C・ワイエスは毎朝5時に起きて1時間以上木を切り、そのあと丘の上のアトリエまで歩くのが日課だった。[42]ヴァンパイア小説で有名な作家アン・ライスは夜中に執筆して、昼間のうちに睡眠をとった。[43] 吸血鬼と同じく夜行性の生活をして、静かな暗闇にインスピレーションを得ていたのだ。

作家ガートルード・スタインはフランスの田舎町で暮らすあいだ、毎朝10時に起きてコーヒーを飲み、それから広い浴槽でお湯に浸かった。着替えたあとはパートナーのアリス・B・トクラスと一緒に周囲の田舎をドライブしながら、仕事にちょうどいい場所を探した。ピンとくる場所が見つかると、キャンプ用の椅子に座り、鉛筆とノートを取りだして執筆を始めた。[44]

ここで読者のみなさんに提案したいのは2つ。まず、**大事な仕事をするために、自分だけの個人的な儀式を作りだすこと**。次に、**メンタルを効果的に鼓舞するために、その儀式に思いきった要素を取り入れること**だ。

「心地よいペースで働く」という第2原則を、儀式の話で締めくくったのには理由がある。儀式はほかの何よりも効果的に、時間の感覚を変容させてくれるからだ。

すぐれた儀式は心の不安をしずめ、自然に物事が進む状態へと精神を導いてくれる。

いつもの仕事にほんの少し、詩的な神秘を加えてみよう。

第5章

洗練 —— クオリティにこだわり抜く

スローワーキングの第3原則

1990年代初頭、サンディエゴのパシフィックビーチ近くの裏通りで面白い光景が見られた。木曜の夜になると、インナーチェンジ・コーヒーハウスという喫茶店に人が続々と集まってくる。

最初はたいした人数ではなかった。ところが週を追うごとにどんどん人が増え、店に入りきらないほどになった。入り口からあふれた人々はウインドウ越しに店内をのぞき込みながら、小ぶりのスピーカーで中継される音楽に耳を傾けた。

群衆を引きつけていたのは、ジュエルという名の19歳のシンガーソングライターだった。

当時、ジュエルは車に寝泊まりしていた。

定職はなく、臨時のバイトや路上での弾き語りでなんとか食いつないでいた。かなり危うい暮らしだった。

喫茶店でのライブが評判になる少し前には、腎臓の感染症にかかって救急外来を訪れたが、無保険だったせいで治療を拒否された。病院の外に停めた車のなかで、彼女はひとり高熱と嘔吐に苦しんだ。状況を知ったある医師が無料で抗生剤を与えてくれなかったら、命はなかったかもしれない。

そんなジュエルを救ったのは、アコースティックギターと力強い歌声で聴衆を魅了する能力だった。幼い頃から培《つちか》ってきたものだ。

両親はアラスカ州アンカレッジの観光ホテルで演奏するミュージシャンで、ジュエルも5歳のときから手作りのスイス風衣装でステージに立ち、ヨーデルを歌っていた（彼女の祖父母がスイスからの移民だった）。幼いジュエルはヨーデルの発声を日々熱心に練習した。このときに鍛えた声のコントロールが、やがてプロとして歌っていくための基盤となった。[1]

両親はジュエルが8歳のときに離婚した。母親は去り、父親が子どもたちの養育を引き受けた。

父親はホーマーという小さな海辺の町に戻り、音楽で生計を立てることにした。ジュエルが母親の役割を引き継ぎ、父親のメインボーカルにハーモニーを加えた。きょうだいはミキサーを担当した。

酒落《しゃれ》たホテルの舞台のかわりに、酒場や地元のレストランで労働者や退役軍人を相手に演奏するようになった。ジュエルはバイク乗りの集まるライダーズバーが好きだった。白髪交じりの男たちとタフな妻たちは、いつもジュエルに優しくしてくれた。[2]

その後も落ちつく暇のない子ども時代だった。ホーマーとアンカレッジを行ったり来たりしながら、父親と一緒にアラスカ各地をツアーして回った。都市部だけでなく、内陸部の田舎でライブをすることもあった。人里離れたイヌイットの集落を回るツアーはとくに印象深かったという。

ティーンエイジャーになると、小さな山小屋で一人暮らしを始めた。まだ運転免許がなかったので、馬に乗って町まで通っていた。

ダンス講師のジョーに出会ったのはそんなときだった。ジョーは2週間の短期スクールのためにホーマーの町を訪れていたのだが、普段はミシガン州の名門インターロッケン芸術高校で教師をしていた。

若くして磨き抜かれたジュエルの歌声に感銘を受けたジョーは、ぜひ芸術高校に来るように言い、応募とオーディションのプロセスを手助けしてくれた。

ジュエルは晴れて合格したが、上品な環境に慣れるには少し時間がかかった。入学してすぐに校長室に呼びだされ、狩猟用ナイフを足に装着して校内を歩くのはやめなさいと諭《さと》されたりもした。

芸術高校でジュエルはプロのボイストレーニングを受けた。芸術を真剣に志す人たちに触れるのは刺激的な体験だった。そしてこの時期に、ジュエルは曲を自分で書くことを覚えた。

休暇で学校が閉まってしまうと、アラスカに帰る旅費がないので、ギターを持ってヒッチハイクの旅に出た。「セイヴ・ユア・ソウル」など初期の名曲はその途上で生まれた。旅の風景や音が彼女のインスピレーションだった。

インターロッケン芸術高校を卒業すると、ジュエルはふたたび放浪の旅に出て、母親が住んでいたサンディエゴに行き着いた。しばらく母親と一緒に暮らしたが、家賃が払えずに二人とも追いだされてしまった。

こうしてジュエルは車上生活を始めた。パシフィックビーチからほど近い場所に、きれいな花の咲く木があったので、そこに車を停めて生活することにした。

ある日の午後、この駐車場所へ戻る途中に、一軒のさびれた喫茶店を見つけた。インナーチェンジ・コーヒーハウスだ。ジュエルは店主のナンシーに自己紹介し、しばらく世間話をした。ナンシーは経営が厳しく、店を閉めるつもりだと打ち明けた。

ジュエルはふと思いついて言った。(3)

「あと2か月だけ、店を開けてもらえませんか？」

「どうして？」とナンシー。

「私の演奏でお客さんを集めます。ドアチャージは私がもらって、コーヒーと食べ物の売り上げはお店に入れる。それで一緒にやってみませんか？」

ナンシーはこの提案に同意した。ジュエルはギターを持ってサンディエゴの海辺に行き、路上で弾き語りをした。そして歌を聴くために立ち止まった人々に、木曜の夜にインナーチェンジ・コーヒーハウスへ来てくださいと呼びかけた。

インナーチェンジでの最初のステージには、サーファーが数人やってきただけだった。

それでもジュエルは全身全霊で歌った。

そのときのことを、彼女はこう振り返る。

その人たちが来てくれて、とにかく全力で歌いました。すべてをぶつけました。そしたら受け入れてもらえたんです。よくある話に聞こえるかもしれないけど、そうじゃなくて……すごく私という人間を、さらけ出したんです、容赦なく。みんな泣いてました。私も泣きました。とてもリアルなつながりだった。生まれて初めて、人とつながることができたと思った。それが怖くなくて、心地よかったんです。[4]

それまでのジュエルの人生は、才能と苦悩のぶつかりあいだった。自分の魂をさらけだそうと決めたとき、その体験はどこまでも正直で、ひりつくような音楽に結実した。圧倒的だった。噂はすぐに広まり、観客は週を追うごとに倍増した。半年後には、ファンが店の外の歩道にまであふれだしていた。

まもなくリムジンに乗ったレコード会社の重役たちが、話題の新人をスカウトしようと集まってきた。「ひとつ残らず、あらゆるレーベルが来ました」とジュエルは振り返る。[5]

彼女は豪華なオフィスに招かれ、各社の重役たちと話をした。激しい争奪戦が繰り広げられた。ある会社は100万ドルという破格の契約金をオファーした。

ここからの展開が、本書のテーマに関わってくる話だ。とつぜん渦中の人となったジュエルは、期待と恐怖が入り交じるなかで、ちょっと思いがけない決断を下した。契約はするけれど、100万ドルは受けとらないことにしたのだ。

＊

「契約金は断りました」と彼女は振り返る。「目の前の100万ドルを断ったんです。住む家もない子どものくせに」(6)

インナーチェンジ・コーヒーハウスのライブで注目を集めはじめたとき、ジュエルにマネージャーはいなかった。ライブのあとでレコード会社の重役たちとディナーに行くときも、自分が何を相手にしているのかよくわからなかった。

不安になった彼女は図書館へ行き、『音楽ビジネスのすべて』という本を手にとった。その本を読んでわかったのは、契約金と呼ばれるものが実際には借金であり、売上からその金額分が差し引かれるという事実だった。

100万ドルもの大金を売上で返すためには、大量のレコードを大急ぎで売らなければならない。グランジが圧倒的に人気だった当時の音楽業界で、フォーク歌手がそれほどの売上を実現できるものだろうか。まだプロとして歌いはじめて1年も経っていないのに、その大半はあのコーヒーハウスで歌っていただけなのに？

「歌手として成功するためには、自分に有利な環境を整える必要がある」とジュエルは考えた。[7] そのためにやるべきは、自分を高く売りすぎないことだった。

レーベルに多額の契約金を払わせないほうが、売上を焦ることなく技術を磨き、音楽性を自由に追求できるはずだ。

「音楽を最優先に考えていただけです」[8] とジュエルは言う。「アートをお金の奴隷にしたくなかったから」[9]

ジュエルは「堅い木ほどゆっくり育つ」をモットーに、慎重に音楽活動を進めていった。

目先の利益よりもクオリティを重視するこの姿勢は、彼女のプロデューサー選びにも表れている。

契約先のアトランティック・レコードは、プロデューサー候補として業界のやり手を20人ほど紹介してくれた。キャッチーな音作りでヒットが確実に狙える人選だった。

ところがジュエルは、すべての候補を断った。彼女がやりたいのは、もっとオーセンティックな手ざわりのある音楽だったからだ。

そんなとき、ニール・ヤングの「ハーヴェスト・ムーン」を聴いていて、「これだ」と思った。これこそが自分の求めている音だ。

CDケースの裏側を見ると、プロデューサーとしてベン・キースの名前が書かれていた。さっそくマネージャーを通してキースに連絡し、アルバムの制作を依頼した。OKの返事が返ってきた。

ジュエルはロサンゼルスの喧騒を離れて北カリフォルニアにあるニール・ヤングの牧場へ向かった。自然のなかで数週間を過ごしながら、ストレイ・ゲイターズとして知られるニール・ヤングのサポートミュージシャンたちと一緒にアルバムを制作した。

こうして完成したジュエルのファーストアルバム『君のかけら』(Pieces of You)は1995年に発売されたが、売上はさっぱりだった。

「ラジオの反響はよくなかった、というか最悪でした」とジュエルは言う。「ニルヴァーナやサウンドガーデンのあとでスローなラブソングが流れてきたら、なんか違うってなりますよね」[10]

コストを低く抑えていたおかげで、すぐに契約を切られることはなかった。ジュエルはツアーを通じてファン層を築くことに集中した。とにかく立て続けにライブをこなした。

「とんでもない仕事量だった」と彼女は振り返る。[11]

ツアーのコストもできるだけ削った。ツアーバスやツアーマネージャーは使わず、安いレンタカーで移動し、バンドなしで演奏した。あるときにはアース・ジャムというグループと契約し、昼間に高校生を対象に開かれる環境イベントに参加するのと引き換えに、夜のライブへの無料送迎を手に入れたこともあった。[12]

それでも売上は低迷しつづけ、売れる路線で作れという圧力は高まる一方だった。ジュエルもその圧力に逆らいきれず、ウッドストックのレコーディングスタジオにこもって暗めの歌詞のセカンドアルバムを作りはじめた。グランジの流れを継ぐオルタナ系バンドが流行っていたその時代、苦悩を吐きだす歌詞のほうが売れる傾向があったからだ。また、シングル曲のリミックスに人気プロデューサーのファン・パティーニョを起用し、テンポの速いポップな曲調で売りだすというレーベルの計画にも許可を出した（ひどいリミックスだ、と内心思っていた）。

ずるずると大衆受け路線に引きずり込まれようとしていたまさにそのとき、ニール・ヤングから電話があり、クレイジー・ホースとのツアーでオープニングアクトをしてくれないかと依頼された。

舞台裏でジュエルの不安げな様子に気づいたヤングは、何があったのかと尋ねた。ジュエルは周囲からのプレッシャーについて打ち明けた。それを聞いたヤングが、決定的なアドバイスをくれた。

「ラジオ向けには曲を書くな、絶対にだ[13]」

ジュエルはその助言に従い、焦らずクオリティに集中するという当初の計画に戻った。作りかけのセカンドアルバムは放棄して、リミックスの話も見送ることにした。かわりにツアー活動を強化し、大学キャンパスでのライブや学生向けラジオ局への売り込みに力を入れた。

やがてこの戦略が実を結び、ファーストシングルの「セイヴ・ユア・ソウル」がチャート上位に浮上してきた。

さらにジュエルはツアーの教訓を生かし、シングル曲「ユー・ワー・メント・フォー・ミー」の新しいバージョンを収録した。最初にニール・ヤングの牧場で作ったときは慣れない収録に緊張し、バンドとの共演にもぎこちなさがあったが、今回はもっとリラックスして感情を乗せることができた。ベースには長年の友人であるレッド・ホット・チリ・ペッパーズのフリーを起用した。

アルバムの売上がじわじわと反応し、上昇気流に乗りはじめた。

「ユー・ワー・メント・フォー・ミー」のセクシーなMVがリリースされると、数字は一気に跳ね上がった。最初の1年で数千万枚を売り上げ、その後も毎月100万枚に近い数字が続いた。

「震えましたね」とジュエルは振り返る。「ちっぽけな雪玉が転がりだして、気づいたら潮流を変えていたんです」[14]

堅い木は、ゆっくり育つのだ。

*

目先の利益よりも音楽性を優先させたジュエルの戦略は、スローワーキングの第3原則のすぐれた実例だ。ベストな品質に注力すれば、必然的に仕事のペースは人間らしく、スローになっていく。

第3原則：洗練——クオリティにこだわり抜く

仕事の品質を徹底的に追求しよう。短期的にはチャンスを逃すことになったとしても、その成果は長期的に仕事の自由度を大きく広げてくれる。

この章の次のセクションでは、ジュエルの物語をもとに、クオリティとスローワーキングの豊かな関係性を読み解いていこうと思う。

高品質な仕事には、時間がかかる。でも高品質な仕事をいったん達成すれば、仕事の主導権をにぎり、慌ただしいペースからさらに距離を置くことが可能になる。そのしくみを説明したあと、クオリティにこだわり抜くための実践的なアドバイスを紹介したい。

この原則が順番として最後になったのには理由がある。クオリティは、スローワーキングの実践をひとつにまとめる接着剤だからだ。

すでに説明した削減および余裕の原則は、スローワーキングに欠かせない要素だ。ただしクオリティへのこだわりという第3の要素がなければ、それらの原則は仕事との関わりを無味乾燥なものにしてしまう。仕事をこなせるにはこなせるけれど、楽しみも情熱もなくなってしまうのだ。

クオリティへのこだわりによって、スローワーキングは単に忙しさを切り抜けるための戦略から、本当に有意義な人生を駆動するエンジンへと変容する。

なぜ知的労働者はクオリティを最優先にすべきなのか

アートの文脈でクオリティが重要なのは明白だ。ジュエルはすぐれた歌声を持っていたおかげで、アトランティック・レコードから100万ドルのオファーを受けることができた。

しかし知的労働の文脈に目を移すと、クオリティの役割は少々見えにくくなる。多くの知的労働者は、歌や演技のような単一のパフォーマンスで仕事を評価されるわけではない。さまざまに異なる仕事を同時にこなすのが知的労働の必須条件だ。

たとえば僕は大学教員なので、教壇に立ち、助成金を申請し、煩雑な事務仕事をこなし、学生の指導をし、委員会に参加し、論文を書き、外国で開かれる学会に参加したりする。どれもその場では重要な職務だ。ほかの知的労働も同じように多様だと思う。

とはいえ、知的労働の雑多な業務はどれも同じくらい重要なわけではない。よく観察すれば、1つか2つ、本当に重要なコアの活動が見えてくるはずだ。

たとえば大学教員の昇進査定では、日々の忙しい業務をどれだけこなしたかが評価されるわけではない。偉い先生方が僕の研究の重要性をひそかに話しあうわけだが、結局のところ問題になるのは、よい論文を書いたかどうかだ。専門分野ですぐれた業績を上げていなければ、いくら献身的に日々の雑用をこなしたところで報われない。

大学教員に限った話ではない。どんな知的労働でも、大量の業務のなかにコアの活動が隠れているはずだ。ジュエルにとって歌うことがそうだったように、グラフィックデザイナーなら効果的なアートワークを制作すること、プロデューサーなら資金を集めること、マーケターなら商品を売ること、マネジャーならチームをうまく運営することが何より重要な任務であるはずだ。

スローワーキングでは、これらコアな仕事のクオリティを徹底的に追求する。単に仕事ができる人になるためではなく（もちろんそれも悪くはないが）、スローな働き方を本当の意味で実現するためだ。

＊

ジュエルの物語でもっとも華やかな部分は、１００万ドルの契約金オファーだろう。でも本書の目的から見れば、重要なのはジュエルがそれを断ったという事実だ。

音楽業界で安定したキャリアを手に入れるためには、自分の技術をもっと高める必要がある。ジュエルはそう考えて、破格の契約金を断った。そのおかげでヒットを焦ることなく、クオリティを追求するための時間を手に入れられた。

この効果は多くの分野に当てはまる。**クオリティの追求は多くの場合、仕事のペースを落とすことに直結している。**

質を高めるために必要な集中は、多忙さと両立しないからだ。

知的労働の文脈で有名な例は、スティーブ・ジョブズの華麗な復活劇である。会社を追いだされていたジョブズが1997年に暫定CEOとして戻ってきたとき、アップルは四半期売上が30％も減少するという危機的状況にあった。

ジョブズはすぐに、製品ラインナップの広げすぎが同社の問題であると見抜いた（小売業者の要求に応じる形でアップルはコンピューターの種類をどんどん増やし、マッキントッシュだけでも10種類以上のバージョンを出していた）。ジョブズの伝記作家ウォルター・アイザックソンによると、ジョブズはトップマネジャーを集めて、シンプルな質問をした。

「友達にすすめるならどの機種がいい？」[15]

マネジャーたちが答えに迷っているのを見て、ジョブズは製品ラインを4つに絞り込む決断をした。ビジネスユーザー向けのデスクトップとラップトップ、そしてカジュアルユーザー向けのデスクトップとラップトップ、それだけだ。どのマシンを買えばいいか迷う必要はなくなる。

同じく重要なのは、製品の種類を減らしたおかげで、アップルが品質と革新に集中できるようになったことだ。

数は少なくても、誰にも負けないものを作る。カラフルで丸っこいiMacや、遊び心あふれるクラムシェルiBookが登場したのもこの時期だった。

量を減らして質を高める戦略は成功した。ジョブズが復帰して最初の会計年度は、まだ計画に取りかかったところだったため、アップルは10億ドル以上の損失を出した。それが翌年には、3億9000万ドルの黒字に転じた。

「やらないことを決めるのは、やることを決めるのと同じくらい重要だ」とジョブズは言う。[16]

身近な仕事でも同じだ。僕が実施した読者調査の回答には、シンプルさを選んでクオリティを上げた実例が数多く含まれていた。

たとえばコンサルタントのクリスは、メールを朝の1時間と夕方の30分だけに制限し、午後にはチーム全員がミーティングもチャットも電話もしない「ディープワーク」の時間を設けた。その結果、チームの仕事の質が目に見えて向上した。

リサーチディレクターをしているアビーも同様だ。彼女は「無数のプロジェクトに引き裂かれて」疲れきっていたため、働き方の戦略を転換し、主要なゴール2つだけに注力すると決めた。そのおかげで、目のまわるような忙しさからすっかり解放された。

「大局的なゴールをつねに意識しているので、何にノーと言うべきか、どうペース配分すべきかがはっきりしました」と彼女は語る。

NPOで働くバーニーも「明確に定義された目的とビジョン」によってペースを落とし、やるべき仕事に集中できた。彼はこうまとめている。

「毎日少しずつ質の高い仕事をすれば、大量の仕事がどんどん積み上がっていくかわりに、納得できる成果を日々積み重ねられます」


スローワーキングの第1原則では、非人間的で非効率な過重労働から逃れるために、やるべきことを減らそうと論じた。一方、クオリティを重視する第3原則の観点からいうと、**仕事量の削減は選択肢ではなく、必須条件**となる。

何かをうまくやろうと決めたなら、多忙さを許容するわけにはいかない。第3原則は第1原則を補強するのだ。

ただし、それだけではない。仕事の量と質の関係には、さらにもうひとつの微妙なレイヤーが含まれている。ここでふたたびジュエルの物語に戻ろう。

*

1998年、デビューアルバムの売上が勢いよく跳ねたあと、ジュエルは2枚目のアルバム『スピリット』をリリースした。『スピリット』はビルボードチャートで初登場3位となり、初週だけで35万枚以上を売り上げた。

ジュエルはこのアルバムを携えて半年間の海外ツアーに出発した。同時期にアン・リー監督の『楽園をください』で映画デビューも果たした。周囲からは、拠点をロサンゼルスに移してハリウッドで本格的に活躍することを期待されていた。

そんな絶頂期にあって、ジュエルは迷いを感じはじめた。

「自分は本当にこんな働き方を望んでいたのだろうかと思った」と彼女は回想録に書いている。「仕事がどんどん巨大化して、その機械に自分が呑み込まれてしまいそうで」[17]

売れるうちに売れるだけ売ろうというエンタメ業界の常識に背を向けて、ジュエルはスローダウンすることを選んだ。ロサンゼルスへ行くかわりに、当時の恋人と一緒にテキサスの静かな牧場に移り住んだ。
「これ以上お金持ちや有名人になる必要はなかったから」と彼女は言う。
それ以降、ジュエルは二度と海外ツアーをしなかった。

すでに見てきたように、クオリティを高めるためにはペースを落とす必要がある。しかし見方を変えれば、クオリティが高いからこそ、ペースを落とすことが可能になるという側面もある。

ジュエルが多忙な仕事から人生を取り戻すことができたのも、すでに充分な実力を手にしていたからだと思う。この点をさらに明確にするために、華やかなコンサートツアーの世界を離れて、森のなかのつつましい家に目を向けてみよう。

カナダのバンクーバー島に広がる温帯雨林の真ん中に、モダンな家がぽつんと立っている。住んでいるのはポール・ジャルヴィスという人物だ。

ジャルヴィスの職業を正確に説明するのは難しい。コンピューターに向かって何か仕事をしているようだが、外でハイキングをしたり庭いじりをする時間もたっぷりとあるようだ。この捉えがたさが、彼の特徴だといえるかもしれない。

ジャルヴィスのことを知ったのは、彼の担当編集者から著書『ステイ・スモール』が送られてきたのがきっかけだった。本を手に取ってすぐ、その思いきったメッセージに心をつかまれた。

ビジネスを拡大するな、小さいままでいろ、というメッセージだ。

事業がうまくいきはじめたとき、多くの人はもっと儲けようと考える。でもジャルヴィスは、**利益を増やすよりも自由を増やすべきだ**、と提案する。

たとえばあなたがウェブデザイナーで、1時間あたり50ドルの料金で働いていると仮定する。週40時間、1年に50週間働くとして、年収はざっと10万ドルだ。

さて、数年後にあなたのスキルが向上し、依頼がどんどん増えたとしよう。多くの人はそこで、事業を拡大しようと考える。デザイナーを複数雇えば年間の売上は数百万になり、自分の年収も10万ドルよりずっと多くなるはずだ。その調子で事業がさらに拡大すれば、やがて企業価値が上がって売却益で大儲けできるかもしれない。

しかしジャルヴィスは、違う考え方をしてみようと言う。評判が広まったあと、事業を拡大するかわりに、時間単価を倍の100ドルに引き上げたらどうだろう?

そうすれば年収10万ドルを維持したまま、年間の労働時間を半分に減らせる。1年に25週間の休暇がとれて、圧倒的な自由時間が手に入る。

もちろんせっせと働きつづけて10年後に大金を得るのもいいけれど、その規模の事業を回すのに必要なストレスや忙しさを考えると、仕事量を半分に減らすシナリオよりも魅力的かどうかは微妙なところだ。

ジャルヴィスの思想は、彼自身の働き方にもよく表れている。

彼は大学でコンピュータサイエンスを専攻し、ビジュアルデザインのセンスにも恵まれていた。1990年代、ちょうど最初のインターネットブームがやってきた時期にあって、この2つのスキルは最強の組み合わせだった。

手始めに自分のウェブサイトを立ち上げると、そのデザインを見た企業からすぐに仕事のオファーが舞い込んできた。ジャルヴィスは今をときめくウェブデザイナーとなり、バンクーバー都心部のガラス張りのオフィスで忙しく働いた。[18]

事業拡大のプレッシャーは人並みに感じていた。収益が増えれば豪華なマンションに住めるし、今よりもっと有名になれる。

けれど、いまひとつ気が進まなかった。スキル的には成功が約束されていたとしても、気持ちがついていかないと感じたのだ。

「都会にうんざりしていたんです、妻も僕も」とジャルヴィスは2016年のインタビューで語っている。「出世競争はもう充分だった。何か違うものを求めていたんです[19]」

フリーランスのデザイン作業は、インターネット接続さえあればどこでもできる。そう気づいたジャルヴィスは都会を離れ、バンクーバー島の太平洋岸にある森のなかに移り住んだ。不便な田舎だけれど、近くには有名なサーフスポットもあって、妻がサーフィンを楽しむのにぴったりだった。

人里離れた場所で暮らしていると、自然と出費が減る。そもそもお金を使う機会がないからだ。

「まわりに誰もいないので、自分の手でいろいろやるようになりました」とジャルヴィスは言う。[20]

それほど稼ぐ必要がないので、無理をせず柔軟な働き方を選ぶことができた。最初のうちはフリーランスのデザインに集中し、少数のプロジェクトを高い単価で引き受けた。やがて締め切りやクライアントとのやりとりに疲れてくると、自分のスキルと評判を生かしてさらにスローな働き方ができないかと考えはじめた。

フリーランスを対象にしたオンラインコースを開講し、ポッドキャストの配信をやってみたりした。それから、ニッチな市場を狙った小規模なソフトウェアを少しずつ出していった。最近の例では、グーグル・アナリティクスよりもプライバシー保護にすぐれたファゾム・アナリティクスという分析ツールで静かな人気を得ている。

ジャルヴィスの近年の仕事をすべてリストアップするのは難しい。多方面に広がるアイデアは、古くなったURLの軌跡を残しながら、現れてはまた消えていく。それは明らかに、次のマイクロソフトを狙う動きではない。

心の赴くままにサービスを立ち上げ、スローで安価な生活を支えるのに充分なだけの仕事で満足している人の動きだ。ジャルヴィスは言う。

「たいてい日の出とともに起きます。目覚まし時計はまったく使いません。コーヒーを淹《い》れるあいだ、窓辺に立って外を眺めます。野生のウサギが跳ねまわり、ハチドリが飛び交い、たまに狡猾なアライグマが庭を荒らしにくるのを、ただ見ているんです」[21]

ジュエルとジャルヴィスの両者は、キャリアのなかでよく似た教訓を発見している。

市場はけっして、あなたの生活のペースを考慮してくれないという教訓だ。

スケジュールの主導権を握りたいなら、その代わりに何かを差しだす必要がある。多くの場合、交渉材料になるのは自分のスキルだ。

ジャルヴィスの話が示すように、クオリティへのこだわりは、必ずしも仕事に人生を捧げることを意味しない。派手な成功も必要ない。ジャルヴィスはアルバムを1000万枚売ったわけではないが、自分の分野でコアとなるスキルを地道に磨き、高い付加価値を提供できるようになった。
そしてこの貴重なスキルを生かして、シンプルでゆとりある生活を手に入れた。**スキルを磨いた報酬は、必ずしも年収アップや昇進だけではない。**忙しい現代社会では忘れられがちだが、クオリティを上げることで得られる果実は、よりスローで持続可能なライフスタイルであってもいいはずなのだ。

ここまで、クオリティにこだわることが疑似生産性からの脱却につながる2つの道筋を見てきた。**クオリティへのこだわりは、スローな働き方を必要とすると同時に、スローな働き方を可能にする。**

これをふまえて、ここからは仕事のクオリティを上げるための具体的な方法を提案したい。

仕事のクオリティ向上は、心静かな生活への近道でもある。以下の具体的なアドバイスを検討するときには、森のなかの広大な庭を散歩するジャルヴィスの姿を心のどこかで思い浮かべてほしい。

クオリティにこだわり抜くのは、単に仕事がうまくなるためではない。それはスローな働き方を手に入れるための、一種の秘密兵器なのだ。

行動プラン7：誰にも負けないセンスを磨く

質の高い仕事をすることについて、人気ラジオ番組『ディス・アメリカン・ライフ』のホストを務めるアイラ・グラスがきわめて実用的な助言をしている。

オンラインで大きな反響を呼んだインタビューのなかで、グラスはこう語る。

クリエイティブな仕事をしている人は、みんなセンスがいいんです。こういう仕事を選ぶ人たちだからね。だけどそこにはギャップが待っている。最初の2年くらいは、そんなにいいものは作れないんですよ。自分で思っているほどいいものができない。……駆け出しの時期にそういう葛藤を感じるのは、ごく普通のことです。そんなとき何をすべきかというと、とにかく量をこなす。締め切りを設定して、毎週あるいは毎月ひとつのものを完成させる。理想と現実のギャップを埋めるには、実際に手を動かして仕事をするしかないんです。量をこなすうちに、だんだん自分のめざすものに近づいてくるはずです。[22]

質を高めるために「センス」が不可欠だというグラスの考えは正しい。創作行為には2つのフェーズがあり、新たな可能性が次々と湧いてくる段階と、どれが良くてどれが悪いかをふるいにかける段階に分けられる。このときに良さを判断するための感覚的な基準が、センスと呼ばれるものだ。

作家アン・ラモットは著書『ひとつずつ、ひとつずつ』のなかで、創作のリズムを次のように描写する。

机に戻って、昨日書いたものをぼんやりと見つめる。すると4ページ目に、生命力あふれる段落があることに気づく。そこはあらゆる匂い、音、声、色に満ちている。最初の3ページはどうでもいい、捨ててしまえばいい。それは4ページ目にたどり着くためにあったのだから。4ページ目の長いパラグラフ、それこそが書きはじめたときに思い描いていたもので、ただ自分でもよくわかっていないだけだったのだ。[23]

執筆という手探りの歩みのなかで、センスは低い谷のほうへ進むのを防ぎ、より高みへと導いてくれるコンパスの役目を果たしている。

グラスが先ほどのインタビューで語ったように、センスと能力のあいだにはギャップがある。とくにキャリアの初期には、いかんともしがたいものだ。

いいものを見分けるのは簡単だが、その基準に見合うスキルを身につけるのは難しい。映画『ブギーナイツ』冒頭3分間のトラッキング・ショットがすばらしいことは理解できても、自分でそれを撮影しろと言われたら途方にくれてしまう。[24]

ここには解決しがたい矛盾がある。センスは今の自分にできる最高の仕事へと導いてくれるけれど、同時にその成果を見て深く失望する原因にもなるからだ。

グラスにいわせれば、この不快感を避けたいという欲望が、能力向上の鍵になる。センスと能力の格差をなんとか埋めたいという気持ちが、僕らをよりよい仕事へと駆り立てる。だから彼は、とにかく作りつづけろとアドバイスする。地道な努力を続けるしか、ギャップを埋める方法はないのだ。


グラスのアドバイスはとても有益だけれど、ひとつ重要な要素が抜けている。

そもそもセンスを身につけるには、いったいどうしたらいいのだろう?

「クリエイティブな仕事をしている人は、みんなセンスがいい」と彼は言う。でも、その感覚はどこで磨かれたのだろうか。

グラスはいくつかのインタビューで、自分が初期に作ったラジオ作品の出来の悪さに不満をもらしている。最近マイケル・ルイスのポッドキャストに出演したときには、１９８６年に録音したオレオクッキー75周年記念のラジオレポートを振り返り、「まったく凡庸」で「あまりいいストーリーではなかった」と語っている。

これは一見すると、駆け出しの時期につきもののセンスと能力のギャップについての話に思える。ただ会話をさらに聞いてみると、グラスはそれを制作した当初、作品の欠点にあまり気づいていなかったようだ。

「録音を終えたときは、やったぞ、という手応えがあったんです。ようやくこの仕事のコツがつかめたぞ、という気分だったんですけどね[25]」

ここから見えてくるのは、クオリティを高める作業のもうすこし複雑な側面である。グラスの現在のセンスは、１９８６年当時よりも洗練されている。自分の掲げた基準に追いつこうとしただけでなく、その基準自体を高める努力をしてきた結果だ。

作家の例に戻れば、高く評価される新人作家の大半が大学院のＭＦＡ（芸術修士）プログラムに参加している現実がある。直近のＰＥＮ／ヘミングウェイ賞デビュー小説部門の最終候補者の経歴を調べたところ、５人中４人が候補作の出版前にＭＦＡプログラムで学んでいたか、あるいはそこで教えていた。[26]

MFAプログラムの真価は書き方の指導よりもむしろ、作家をめざす人が一流のコミュニティに出会える点にある。2年間じっくりと若い作家たちの新鮮で野心的な文章を読み、批評し、鑑賞するうちに、文章に対する判断基準が磨かれていくのだ。

もちろんMFAをとらなくても成功している作家はいる。コルソン・ホワイトヘッドは間違いなく世代を代表する作家だが、彼は大学院に行っていない。それでもMFAプログラムがこれほど人気なのは、文学的センスを磨くための場所として効果的に機能しているからだ。

理想と現実のギャップを埋めるというアイラ・グラスの話はとても魅力的だが、そればかりを見ていると、内面のフィルターの性能を高める必要性を忘れてしまう。

地道な努力で技を磨くのはもちろん大事だけれど、「クオリティが高い」というのが何を意味するのかを明確に理解していないかぎり、どんなに熱心に打ち込んでも結果はたかが知れている。

ここからの提案は、その穴を埋めるためのものだ。自分の仕事で最高のクオリティをめざすために、良いものを見分けるセンスを磨いていこう。

趣味を深掘りする

文章力を上げるために僕が最近やってよかったのは、クエンティン・タランティーノの映画『レザボア・ドッグス』を見たことだ。

僕は昔から映画が大好きだった。子どもができる前は、妻と一緒に映画館に通いつめていた。話題作はほとんど見たし、独立系劇場で上映される良質なドキュメンタリー映画もよく見に行った。まだネットフリックスがなかった時代の話だ。

でも40歳になるまで、映画の作り方を体系的に学んでみようと考えたことはなかった。自書『デジタル・ミニマリスト』のなかで、上質な趣味に打ち込むことが大事だと僕は力説した。ところが人生の後半を迎えた日になって、自分自身がそのアドバイスに従っていないことにふと気づいたのだった。

ずっと大学の仕事と本の執筆に忙しく、子育てにも時間をとられたので、半分仕事の読書をのぞけば趣味と呼べるものが何もなかった。

そこで昔好きだった映画に立ち返り、本気で深めてみようと思ったのだ。

まずは映画理論の入門書を読んでみたけれど、あまり役には立たなかった。編集や音響などの概念を抽象的に紹介するだけで、映画を専攻する学生向けの用語集のような感じだった。

次にピューリッツァー賞を受賞した映画評論家ロジャー・イーバートの『偉大なる映画』(未邦訳：The Great Movies)を読んでみた。イーバートが傑作映画100本を選び、それぞれに評論を書いたものだ。個々の映画を具体的に読み解いているので、入門書よりも効果的だったと思う。

タランティーノ監督のエッセイ集も読んでみた。いい映画は何がいいのか、そして楽しい映画はなぜ楽しいのかを知るための貴重な情報源となってくれた。

しかし結局、何よりも効果的だったのは、自分で映画を見ることだった。

評価の高い映画を選び、レビューや評論をいくつか読んでから、その映画をフルで鑑賞する。さらに一歩進んで、撮影技術の専門誌やフォーラムでその映画の話題を追うのも面白かった。レンズの種類や構図のテクニックについて、かなり突っ込んだ議論が繰り広げられている。

たとえば『マッドマックス 怒りのデス・ロード』を制作したジョージ・ミラー監督とジョン・シール撮影監督（この映画のために引退から復帰した）は、すべてのショットでフレームの中心に焦点を持ってくるという、シネマトグラフィーの常識を破る手法を意図的に採用した。[27] そのおかげで、非常に速いテンポのアクションでも観客が状況を把握しやすくなっている。

このフレーミング技術を解説したヴァシ・ネドマンスキーの記事を読んでから、マッドマックスに対する僕の評価は一変した。

ここで『レザボア・ドッグス』の話に戻る。映画を学ぶというプロジェクトを進めるうち、僕は必然的にこのタランティーノの名作へと導かれた。この映画は1992年に公開され、10年間停滞していたインディーズ映画に新たな風を吹き込んだ。タランティーノの非線形的な物語構造や、ジャンルの枠を攪乱《かくらん》する映画作りについて学ぶうちに、映画だけでなく物を書くことへの理解も深まるのを感じた。

たとえば最近の僕の著作は、ライフハック的な自己啓発書（若い頃にハマっていたのでかなり愛着がある）と、もうすこし洗練されたノンフィクション読み物の文体を組み合わせたスタイルになっている。

一般にこの手の本はいずれかのカテゴリー、つまりスティーブン・コヴィーの『7つの習慣』的な自己啓発か、マルコム・グラッドウェル的な読ませるノンフィクションのどちらかに分類される。でも僕はそれをミックスするのが好きだ。

深く考えたわけではなく、そのほうがしっくりくると思ってやっていたのだが、タランティーノの映画作りを学ぶうちに見方が変わった。正しい知識をもって注意深くやれば、ジャンルの枠を飛び越えることは非常にクリエイティブな実践になりうるのだ。映画は僕の仕事とは直接関係ないけれど、映画を学んだおかげで書き手としての野心が広がったように思う。

別に映画でなくてもかまわない。僕が言いたいのは、**自分の専門とは異なる分野に没頭してみよう**ということだ。

自分の仕事の分野についてはすでに知識があるため、誰かのすぐれた仕事を見ると、力量の差に圧倒されてしまいがちだ。超一流の人の仕事と自分の仕事を並べてみると、あまりの落差にやる気がくじかれてしまう。

でも仕事と関係ない分野なら、もっとリラックスして、好奇心をもって新たな知識を吸収できる。

すぐれたノンフィクション本を読むとき、気づくと本をがっちり握りしめて、自分の文章に何が足りないのかを全力で考えていたりする。たしかに役には立つけれど、これではひどく疲れてしまう。

一方、すぐれた映画を見るときは無条件に楽しめて、しかも新鮮なインスピレーションが得られる。

仕事の質を高めようとするとき、このことを頭に入れておいてほしい。

自分の専門分野を知るのはもちろん大切だが、ときにはほかの分野のすばらしさにも目を向けてみよう。仕事の純粋な楽しみを思いださせてくれるような、しなやかなインスピレーションの源が見つかるかもしれない。

同じ志を持つ仲間とつながる

1930年代半ば、当時オックスフォード大学で英文学を教えていたC・S・ルイスが、友人たちに声をかけて非公式な文芸クラブを立ち上げた。同じくオックスフォードで教授をしていたJ・R・R・トールキンもその一員だった。

かれらは毎週のようにモードリン寮のルイスの部屋に集まり、書きかけの原稿を読んで議論したり、作家としての夢を語りあったりした。やがて週に一度「鷲と子ども亭」というパブに朝から入りびたり、ビール片手に討論する習慣も加わった。

この集まりは「インクリングズ」と呼ばれていた。

仲間たちとの交流を通じて、ルイスはスペキュラティブ・フィクションのジャンルに興味を持ちはじめた。メンバーの励ましと助言を受けて、1938年に『マラカンドラ：沈黙の惑星を離れて』を発表した。宇宙旅行を描きつつ、初期のSFに見られた人間性の欠如を克服する方向性の作品だ。

この小説は三部作に発展し、異なる世界を描くというルイスの創作的関心の基盤を作り、やがてファンタジーの傑作『ナルニア国物語』シリーズの誕生へとつながった。

トールキンもまた、仲間たちのフィードバックに大きく助けられ、のちに『指輪物語』に結実する神話世界を着々と築き上げていった。伝記作家レイモンド・エドワーズは、インクリングズがトールキンの偉大なファンタジーを生む助産師の役割を果たしたと評価している。[28]

評論家のなかには、インクリングズがモダニズムを拒絶し、キリスト教道徳的なファンタジーの語りを導入する使命を持っていたとする見方もある。しかしエドワーズが言うように、そのような見方はあまりに大げさで堅苦しすぎる。

「インクリングズは何よりもまず、ルイスの友人の集まりだった。ほかの文芸サークルと同様、その役目はおたがいの読者となることであり、物語に耳を傾け、批評し、励ます機能を果たしていた」[29]

ここに、インクリングズから学べる教訓がある。

同じ仕事をしている仲間と集まるとき、グループ全体としてのセンスは各個人のセンスを上回ることが多い。ひとつには、視点の多様性が力になるからだ。複数のアプローチをとる人の意見を取り入れれば、仕事に広がりと深みが生まれる。

また、他人の目があることでパフォーマンスが高まる効果も期待できる。誰かの心を動かしたい、あるいは議論にもっと貢献したいと思うときには、自分ひとりで考えるよりも思考のギアが一段上がるのだ。

同じ志を持つプロフェッショナルが集まり、たがいに高めあうグループを結成するのは、自分のセンスを磨くための最短の近道だ。めざすクオリティの基準が一気に引き上げられることだろう。

プロフェッショナルな道具を使う

2010年の春、コンピュータサイエンスの博士研究員になったばかりの頃、ふと思い立って大学の書店で高級な研究用ノートを買った。

保存性にすぐれた厚手の中性紙に薄いグリッド線が印刷され、右上には大きなページ番号が入っている。丈夫なダブルリングで綴《と》じられ、厚みのあるボール紙の表紙がついている。

研究者にとって、ノートは大切な存在だ。実験のメモや記録が仕事の整理に役立つだけでなく、ときには特許争いの証拠にもなるからだ（アレクサンダー・グラハム・ベルが電話の発明をめぐる特許争いに勝ったのは、しっかりと保管していた研究ノートのおかげだった）[30]。

こういう高品質なノートは、やはり価格も高くなる。正確な値段は覚えていないけれど、2010年当時の僕にとってはかなり高い買い物だった。たしか50ドルくらいしたと思う。しかし高価だからこそ、そのノートを買うべきだと感じた。

高いノートを使えば、その上質なページに何を書くかを慎重に考えるはずだからだ。

価値のある内容を書こうと思えば、おのずと丁寧に思考を整理するようになる。わざわざそんなことをしなくてもと思うかもしれないが、理論計算機科学の分野では、複雑な問題を頭のなかに長く抱えつづける耐久力こそが、冴えた結果を出すための鍵になることが多い。

当時の僕の最大の弱点がそこだった。難解な定理や新しいアルゴリズムについて深く考えようとするのだが、すぐに結果が出ないと途中で投げだしたくなってしまう。高級なノートを使えば、少しは忍耐強くその過程にとどまれるのではないかと思ったのだ。

このノートは2年以上にわたって活躍した。最後のページが埋まったのは2012年の年末だった。博士研究員時代と、助教としての最初の1年間をカバーしてくれたことになる。

正確な日付がわかるのは、最近このノートを寝室のクローゼットの奥でひさしぶりに見つけたからだ。

ページをめくると、自分が書いたとは思えないほど丁寧な数式や図が並んでいた（まとめ買いの安いノートに書くときは、たいてい自分でも読めないような殴り書きになる）。2年間で書いた量はたった97ページだが、それぞれのページは端から端まできっちりと埋まっていた。

さらに驚いたのは、そのノートに書いてある証明のメモや数式が今でも記憶に残っていることだった。その97ページのなかには、7本の査読論文のコアとなる内容が書かれていた。さらに、初めて全米科学財団の研究助成金を受けたプロジェクトの基盤となるアイデアも含まれていた。

この時期に使用したノートはもちろんこの1冊だけではないが、飛び抜けて高価なこのノートが僕の生産性に特別大きく貢献したことはまちがいない。

高品質なツールが仕事の質を向上させるのは、僕の研究キャリアに限った話ではない。小説を書く人で、一般的なワープロソフトからスクリブナーなどの本格的な執筆支援ソフトに切り替えたとたんに執筆のペースがぐんと上がったという声を聞く。脚本を書く人がファイナルドラフトのような専用ソフトを導入すると、以前よりも脚本がうまくなったと感じることもある。

高価なツールのよい点は、もちろん機能が豊富なこともあるけれど、「自分はプロフェッショナルだ」という気分にさせてくれるのも同じくらいに大きい。

ポッドキャストの配信者が300ドルもする高級マイクを使うのも同じだ。聞く側はプロ向けのマイクと安価なUSBマイクのわずかな音質の差など気にしないが、配信者にとっては自分の本気を確認するという大事な意味がある。

プログラマーの机に大きなモニターが2つか3つ並んで基地のようになっているのをよく見かけるが、これも同様の効果を狙ったものだと思う。もちろんプログラマーにたずねれば、複数のウインドウを同時に表示できたほうが生産性が高いと言うだろう。それも一理あるけれど、マルチディスプレイをサポートするドライバーが出てくる以前の時代のプログラマーだって生産性では負けていなかった。

それでも複数のモニターを並べることに意味があるのは、特別な空間によって思考のモードが切り替わり、集中して効率的なコードを書けるようになるからだ。

クオリティの追求は、そう簡単な道のりではない。**自分の能力を進化させる計画に本気で取り組みたいなら、ツールへの投資はよい出発点になるはずだ。**

column

ビートルズと完璧主義の罠

この章を書いている途中で、同僚のミーガンから一通のメモが届いた。「クオリティにこだわり抜く」という僕の言葉を見て、少し心配になったらしい。ミーガンは最近本を執筆したのだが、思ったよりも時間がかかりすぎてしまった。「すみずみまで完璧にしなければいけない」という思い込みのせいで、いつまでたっても完成しなかったのだ。

こだわりは時に、人を動けなくする。クオリティは重要だが、それがすべてになると、仕事は永遠に終わらない。

この問題についても、伝統的な知的労働から学べることは多い。ポピュラー音楽の世界に目を向けてみよう。時は1967年、音楽シーンに大きく複雑な変化が起こった年だ。

変化のきっかけは、1966年にあった。

その年、ビートルズは7枚目のアルバム『リボルバー』をリリースし、世界ツアーに出発した。最初の目的地は西ドイツで、次に東京、そしてフィリピンのマニラへ向かう。少し休憩したあと北米で2週間の公演をおこない、サンフランシスコのキャンドルスティック・パークという広大なスタジアムでツアーを締めくくる日程だった。

ところが、問題が続出した。

日本では、予想される観客数を収容できる会場がなかなか見つからなかった。プロモーターは悩んだ末に、日本武道館を会場にしようと決めた。1964年に東京オリンピックの柔道競技会場として建設された施設だ。

巨大なアリーナは公演にぴったりだったが、1966年当時、日本武道の競技場でコンサートをやるのは異例のことだった。しかも武道館は皇居に隣接していて、精神的にも日本にとって重い意味を持つ場所だ。西洋のポップグループが武道館で演奏するなどけしからん、という反発の声が大きく巻き起こった。[31]

当時の首相が不快の意を示し、主要なメディア関係者もそれに続いた。日本の右翼団体からの脅迫も相次ぎ、一時はビートルズのメンバーたちも、日本での公演を断念すべきではないかと本気で話しあった。結局、警察官3万5000人以上を配備する厳戒態勢でコンサートは実行された。[32]

次のマニラ公演は、すんなり進むはずだった。しかし現実は違った。「到着した瞬間から最悪だった」と、ギタリストのジョージ・ハリスンが後に語っている。[33]

独裁者フェルディナンド・マルコスの妻であるイメルダ・マルコスから大統領宮殿でのパーティーに招待されていたのだが、外交には関わらない方針をとっていたので、マネージャーのエプスタインがその誘いを断った。

これが大きな失敗だった。イメルダの招待は実質的には命令であり、断るという選択肢はなかったのだ。[34]

フィリピンのメディアはこの侮辱を大々的に報じ、来賓《らいひん》のいないパーティー会場と子どもたちの泣き顔を映しだした。イメルダはビートルズよりローリング・ストーンズのほうが好きだと公言した。

国民のビートルズに対する反感が高まり、日々嫌がらせを受けるようになった。

ホテルではルームサービスの電話を無視された。機材を運ぶための現地スタッフが姿を消した。逃げるように駆け込んだ帰りの空港ではエスカレーターを止められ、機材をかついで階段を上らなければならなかった。

さらに北米でも苦労は続いた。

その年のはじめに、ジョン・レノンが英国のタブロイド紙の取材で語ったことがきっかけだ。一見凡庸な記事のなかに、次の挑発的な発言があった。

「キリスト教はなくなるだろうね、縮小して消えていく。いまや僕たちのほうがイエスより人気者だ」[35]

この発言は英国ではほとんど注目されなかったのだが、北米ツアーの直前になってアメリカのティーン雑誌『デートブック』がこのキリスト発言を大きく取りあげた。

アメリカ南部での反発は激しかった。不買運動が起こり、ビートルズのアルバムが焼かれた。クー・クラックス・クランからの脅迫も来た。ビートルズはふたたび公演中止の危機に追い込まれ、ジョン・レノンが謝罪会見を開く羽目になった。

ともかくも北米ツアーは実現し、8月末にサンフランシスコで最終日を迎えた。

会場のキャンドルスティック・パークへ向かう4人のメンバーは疲れはてていた。数か月にわたる騒動のせいもあるが、3年間でアルバム7枚の制作とプロモーションをしてきた疲労も溜まっていた。道中でジョンとポール、ジョージ、リンゴは、運命的な決断をくだした。

もうツアーは終わりだ。二度とやらない。

このビートルズの決断が、翌1967年のポピュラー音楽の風景を変えた。

サンフランシスコでの公演から3か月後、休息をとって気分を新たにしたビートルズは、これまでとはまったく違うアルバムを作るためにロンドンのEMIスタジオに集まった。コンサート会場での演奏を想定しないと決めたら、音作りの自由度がぐんと上がった。

ニューヨーク・タイムズ紙の音楽評論家ジョン・パレルスは次のように説明する。

「プロデューサーのジョージ・マーティンの助けを借りて、ビートルズは音の抽象化を追求した。リアルっぽい音という幻想を捨て、ステージでは到底再現できない方法で音を歪《ゆが》め、操作した」[36]

ビートルズは再生速度を巧みに変化させ、まったく異なるスタイルの音を同じトラックに重ねていった。インドの音楽家ラヴィ・シャンカルから学んだシタール、タンブーラ、ソーマンダルなどのインド楽器を取り入れ、クラシックの音楽家を雇って弦楽器やホルンの伴奏を加えた。

スタジオで費やした時間は約700時間。129日かけて1枚のアルバムを完成させた（ちなみに4年前の1963年に出した最初のアルバム『プリーズ・プリーズ・ミー』のレコーディング期間はたった1日、総スタジオ時間は700分間だった）。

この創造的で粘り強い努力の結果生まれたのが、全12曲、合計演奏時間30分強のアルバム『サージェント・ペパーズ・ロンリー・ハーツ・クラブ・バンド』だ。アルバム全体が一貫したテーマに沿って構成されており、世界初のコンセプトアルバムとも呼ばれている。発売後3か月で250万枚を売り上げたサージェント・ペパーズは、ビルボードチャート1位の座を3か月にわたって維持し、ビートルズのアルバムの首位最長記録を更新した。

おそらくそれ以上に重要なのは、シングル曲が乱立するポピュラー音楽の文化を一気に打ち砕いたことだろう。このアルバム以降、作品としてのアルバムがポピュラー音楽において決定的な位置を占めるようになり、プログレッシブな音楽性と実験的なサウンドの新たな時代が幕を開けたのだ。

ポピュラー音楽が演奏可能性の制約から解放されたことは、しかし諸刃《もろは》の剣《つるぎ》でもあった。批評家はサージェント・ペパーズを「ロックのレコーディングに孤独な完璧主義をもたらしたアルバム」として批判した。多くのバンドがスタジオに引きこもり、つまみや電子機器をいじって実験的なスタイルを模索するようになったからだ。

長い時間をかけてゆっくりと完璧を追求するうちに、ミュージシャンたちは思考の森にとらわれ、ロックの瞬発力やエネルギーを見失いがちになった。それがよい結果につながることは多くなかった。

「大半は安っぽい継ぎはぎの音楽で、本物の融合と呼べるものは10にひとつもなかった」

とパレルスは述べている。[37]

こうしたクリエイティブな完璧主義の危険性は、スローワーキングの第3原則にも潜んでいる。

クオリティにこだわり抜くということは、1967年のビートルズのようにスタジオにこもり、シタールやマルチトラックレコーダーを使って際限なく実験を繰り返す道のりにつながっている。

サージェント・ペパーズを完成させて無事に出てこられたらいいけれど、その道のりはカミソリの刃のように危うい。こだわりは人を思考の森に引き込み、もう少し時間をかければもっといいものができるはずだとあなたを引き止める。それは必要なステップだが、すぐれた仕事を完成させるためには、どこかで自己批判のループを断ち切って引き返さなくてはならない。

ここでビートルズの話をとりあげたのは、こだわりにともなう完璧主義の危険性を教えてくれると同時に、それを克服するための模範的な実例にもなっているからだ。

ビートルズはそれまでになく長い時間をかけてサージェント・ペパーズを作りあげたが、それでも無限に時間があったわけではない。レコーディングが軌道に乗りはじめると、レコード会社のEMIはシングルを2枚リリースしてアルバム完成への圧力を高めてきた。

またビートルズは、長期的な流れのなかにアルバムを位置づけていた。1965年にビートルズが出したアルバム『ラバー・ソウル』はビーチ・ボーイズの名盤『ペット・サウンズ』のインスピレーションとなり、それが今度はビートルズに影響を与えてサージェント・ペパーズの制作につながった。

自分の仕事が日々進歩する創造の流れの小さな一歩にすぎないと自覚するとき、すべてを完璧に仕上げなくてはというプレッシャーは軽くなる。

すぐに究極の正解を出さなくてもいい。ネット越しに飛んできたボールをちょうどいい力で打ち返すことができれば、ゲームは続いていく。

この考え方は、こだわりと完璧主義のバランスをとる戦略として有用だと思う。

すぐれた仕事を生みだすためには充分な時間が必要だが、無限に時間をかけるべきではない。自分がアピールしたい人たちに興味を持ってもらえる程度にはよいものを作るべきだが、世紀の傑作を作ろうなどと思わなくていい。

大切なのは完璧さではなく、前に進むことだ。

行動プラン８：自分を信じて賭けてみる

90年代にブレイクしたミュージシャンで、キャリアの初期にリスクをとったのはジュエルだけではない。

アラニス・モリセットの名を多くの人が知ったのは、１９９５年に『ジャグド・リトル・ピル』が発売されたときだろう。このアルバムは３３００万枚以上を売り上げ、グラミー賞を５つ受賞した。

しかしモリセットが芸能活動を始めたのは、それよりもずっと早い時期だった。子どもの頃、モリセットはカルト的な人気を誇るコメディ番組『ユー・キャント・ドゥー・ザット』で演技デビューし、そのあと音楽オーディション番組『スター・サーチ』で歌声を披露した[38]（結果は１回戦敗退だった）。

１９８９年、15歳のときにカナダのロックバンド「スタンピーダーズ」の協力でデモテープを録音し、これがきっかけでＭＣＡレコードのカナダ支部と契約を交わした。

エフェクトを駆使したダンスポップ系のデビューアルバム『アラニス』は、１９９１年にカナダで発売されるとすぐにプラチナディスクとなった。快活なパフォーマンスとボリューム豊かな髪型は、80年代に一世を風靡《ふうび》したデビー・ギブソンとよく比較された。[39]しかしモリセットはギブソンとの比較を嫌い、もっとシリアスな音楽をやりたいと感じていた。そのままポップ路線で行けば確実に売れたはずだが、2作目のアルバムでは音数を減らして、より個人的な感情を乗せたバラードに軸足を移した。

歌い手として一段上のレベルをめざすために、そうする必要があると感じたのだ。※11

セカンドアルバムの売上は最初のアルバムの半分にとどまり、レコード会社から契約を打ち切られてしまった。それでも彼女は立ち止まらなかった。

音楽出版社の助けを借りて、2枚のアルバムをニューヨーク在住の音楽マネージャーであるスコット・ウェルチの手に届けた。[40]ウェルチはモリセットの声に何か特別なものを聞きとったが、たしかにポップな曲調では続かないだろうと感じた。そこでモリセットをロサンゼルスに呼びだし、グレン・バラードと一緒に曲を作るように手配した。

グレン・バラードは経験豊富なソングライターで、マイケル・ジャクソンの「マン・イン・ザ・ミラー」やウィルソン・フィリップスの「ホールド・オン」を共作したことですでに有名だった。

当初の計画ではバラードの自宅スタジオで1曲だけ録音する予定だったが、二人は意気投合して20回のセッションを続け、20曲のデモを作りあげた。

バラードはのちにモリセットとの仕事を振り返ってこう語る。


彼女はただアーティストでありたかったんだ。システムに使い捨てにされたくはなかった。ただ感じたことを表現したかった。……ただ曲を書いて、自己表現したかったんだよ。[41]

このとき作ったデモテープには、アルバム『ジャグド・リトル・ピル』に収録されるトラックの大半が含まれていた。モリセットの野性味あふれる声と鋭い歌詞の組み合わせは、オルタナティブ音楽が台頭してきた時代にぴたりと合っていた。

『ジャグド・リトル・ピル』はマドンナが共同経営する小規模レーベルのマーヴェリック・レコードから控えめにリリースされたが、そのうちの一曲「ユー・オウタ・ノウ」がロサンゼルスの有名ラジオ局で放送されたとたんに、問い合わせの電話が殺到した。

※11：モリセットのドキュメンタリー映画『Jagged』（２０２１年）に示唆されているように、彼女が独立を志向し、より複雑な音楽的テーマに向かった理由の一端には、エンターテインメント業界に蔓延する若い女性への暴力があった。

2週間後に「ハンド・イン・マイ・ポケット」が流れはじめたときには、全米のラジオ局がそれに追随した。売上は一気に跳ね上がった。グレン・バラードは「嵐のようだった」と当時を振り返る。

陽気なダンスポップを捨てたモリセットの決断は、ジュエルが100万ドルの契約金を断った決断に通じるものがある。どちらも、より大きな目標のためにリスクを取ることを厭《いと》わなかった。

しかしよく見ると、両者の決断には微妙だが重要な違いがある。ジュエルが契約金を断ったのは、プロの歌い手として成長するのに時間が必要だと感じたからだった。クオリティを求めるためにはペースを落とす必要がある、という本書の主張にも一致する。一方、モリセットがポップを離れたのは、すでにプロとして成功したあとだった。さらなる高みをめざすためのハイリスクな賭けだったといえる。レコード会社との契約を失うのは怖かったけれど、その不安に駆り立てられるように彼女は才能を開花させ、グレン・バラードの自宅スタジオで奇跡のセッションを実現した。

このように、**少なくないリスクをとって自分自身に賭ける行為は、仕事を新たなレベルに引き上げるための強力な戦略になる。**

音楽業界にかぎった話ではない。ビジネスの世界で有名なのは、ビル・ゲイツが1975年にハーバード大学を中退してマイクロソフトを立ち上げた例だ。

大学をやめてソフトウェア会社を立ち上げる選択は今でこそ珍しくないが、当時は違った。ゲイツがハーバードをやめたときには、ソフトウェア業界自体がまだ存在しなかった（ゲイツが作ったのだ）。彼が未来を賭けたパーソナルコンピューターは、その時点ではたくさんのスイッチと点滅するライトで入出力するオタク向けのツールにすぎなかった。

失敗するリスクは高かったが、リスクをとったおかげで、驚異的な成功が可能になったのだ。

自分に賭けるといっても、必ずしも名門大学をやめるなどの劇的な行動に出る必要はない。**たとえ失うものが比較的小さくても、成功へのプレッシャーがかかる状況に身を置けば、質を高める努力に大きく弾みがつくはずだ。**

ここからは、仕事に適度なプレッシャーを取り入れるための具体的なアプローチを見ていこう。めざすのは無理な仕事量に追い込まれず、余裕を持って仕事の質を一段上に引き上げるような働き方だ。

期間限定で「余暇」の時間を犠牲にしてみる

ステファニー・メイヤーがベストセラー小説『トワイライト』の着想を得たのは、2003年の夏に見た夢がきっかけだった。あまりにも鮮明な夢だったので、メイヤーはなんとしてもこのイメージを小説に仕上げようと決意した。

しかしその当時、メイヤーは子育ての真っ最中だった。

3人の男の子を育てながら執筆の時間を確保するには、かなりの工夫が必要だ。彼女は次のように振り返る。

> 1日も欠かさず、とにかく何かを書くようにしました。調子の悪い日は1ページか2ページ、調子がよければ1章かもう少し。書くのはたいてい夜でした。5分以上邪魔されずに集中できるのは、子どもたちが寝静まったあとだけなので。[42]

家族が眠っているあいだに書いていた作家はメイヤーだけではない。

冒険小説で有名なクライブ・カッスラーは、1965年に執筆を始めた。当時カッスラーは30代半ばで、カリフォルニア州の小さな広告会社で働いていた。そのころ妻が夜勤の仕事を始めたので、子どもを寝かしつけたあとの話し相手がいなくなった。[43]

ふいに一人の時間ができたカッスラーは、「ジェームズ・ボンド」シリーズの成功に触発され、冒険小説の執筆に挑戦することにした。

孤独を埋めるために始めた作業だったが、これがあたって、やがて数千万部を売り上げる大ヒット作家になった。夜更かしをした甲斐は充分にあったといえるだろう。

時間をやりくりして自分のプロジェクトに取り組むのは、もちろん子育て中の人だけではない。

『ジュラシック・パーク』で有名なマイケル・クライトンはハーバード大学医学部で学んでいたが、やがて医師という職業に魅力を感じなくなった。

そこで学部長のところへ行き、医学部で過ごす最後の半年間は医療ノンフィクション本の情報収集に注力したいと申し出た。「医者になるつもりもないのに、心電図の読み方を学ぶことに半年を費やす意味があるでしょうか？」と。

本を書くのは簡単なことではないよ、と学部長は忠告したが、実はこのときクライトンはすでにペンネームで5冊の本を書き、さらに2冊の企画を進めているところだった。ポータブルタイプライターを持ち歩き、空いた時間があればいつでも書いていた。休暇中はもちろん、退屈な授業中にもこっそり書いた。「成績表を見れば、どの時間に本を書いていたかは一目瞭然だと思います」とクライトンは言う。[44]

90年代にクライトンとベストセラー1位の座を争っていたジョン・グリシャムも、細切れの時間を利用して執筆を始めた作家だ。

小さな町の弁護士として働きながら、ミシシッピ州議会議員も務めていたグリシャムは、早朝や会議の合間、法廷の休憩時間などを使ってデビュー作『評決のとき』を書いた。[45] 少しずつ地道に進め、3年かけて原稿を完成させた。

そしてこの本の出版が決まる前から、すでに2冊目を書きはじめていた。2冊書いて1冊でも売れれば作家を続けようという計画だった。

この戦略は正解だった。『評決のとき』は発売当初あまり売れなかったのだが、2冊目の『法律事務所』が当たって700万部のベストセラーとなったのだ。

ここで紹介した作家たちは、自分に賭けるための比較的取り組みやすい戦略を実行している。**一時的に余暇を削って、自分のプロジェクトに時間を費やす**という戦略だ。

たとえ失敗しても、リスクはそれほど大きくない。求めていたクオリティに達しなかった場合、失うものはその時間にできるはずだった別の活動（あるいは休息）だけだからだ。大きくはないけれど、リスクがあるおかげで仕事の本気度が高まる。

子どもが寝静まったあとに疲れた体を引きずって机に向かうのは、けっして楽なことではない。それでもステファニー・メイヤーは、目標のために本気で賭ける道を選んだ。小説を完成させるために、たとえ1ページでも毎日書きつづけると決意した（それとは対照的に、執筆のための休暇をたっぷりと手に入れた学者やジャーナリストが、結局書き進められなかった例を僕はいくつも知っている）。

余暇を削る戦略は、たしかに長期的に見れば持続可能ではない。休息を犠牲にして仕事を詰め込むのはスローワーキングの原則に反する働き方だ。それでも節度を持って、特定の目標のために期間限定で取り組むなら、自由時間を犠牲にするのは自分に賭けるための効果的な手段となる。

メイヤーは半年間、子どもが寝静まったあとで執筆を続け、『トワイライト』の原稿を完成させた。そして老舗出版社のリトル・ブラウン社から75万ドルという破格の契約を獲得し、空前のヴァンパイア・ブームの火付け役となった。

収入源をシフトする

自由時間を削るのは自分に賭けるための比較的手軽な方法だが、もうすこし思いきったやり方としては、収入源をそのプロジェクトに絞るという手がある。「稼がなくては」というプレッシャーは、ほかの何よりも強力なモチベーションになる。

ただし、そこには危険もあるので注意してほしい。

平凡な仕事をやめて大きな夢を追いかけるのは、たしかに心躍るストーリーだ。クライブ・カッスラーは自分で設立した広告会社をやめたし、ジョン・グリシャムは弁護士かつ政治家という有望なキャリアを手放した。つまらない仕事を投げだして一気に現状を打ち壊すイメージには、どこか抗いがたい魅力がある。

問題は、誰もがグリシャムになれるわけではないことだ。作家やアーティストをめざして、あるいは起業で一発逆転を狙って仕事をやめた人の大半が、夢破れて撤退している。打ちひしがれ、以前よりも大きな借金を抱えて、元の仕事に戻っていく。自分のアイデアがベストセラーになるかどうかは、前もって予測しがたいからだ。

でも幸いなことに、先に挙げた作家たちの例が、この難問を乗り越えるための知恵を教えてくれる。

たとえば2020年に亡くなったカッスラーの追悼記事によると、彼が広告業から冒険小説家へと転身するまでの道のりは、一般に知られている話よりもはるかに長かった。妻が夜勤の仕事に行っているあいだに「ダーク・ピット」シリーズが完成したというストーリーは、少々盛られていたようだ。

小説の執筆を始めたとき、カッスラーはニューポートビーチで広告代理店を共同経営していた。カリフォルニアで生活しながら『スターバック号を奪回せよ』と『海中密輸ルートを探れ』の2作を書いたが、どちらも出版社の反応は思わしくなかった。

その後、コロラド州のデンバーに引っ越して、大手代理店で働きはじめた。ここに来て彼は、なんとかして小説を売り込むための策略を考えだした。架空のエージェント会社をでっちあげて、実在するエージェント宛てに推薦の手紙を送ったのだ。[46]

「クライブ・カッスラーという有望な新人作家がいるのだが、手がいっぱいで引き受けられない。かわりにエージェントになってくれないだろうか」という内容の手紙を出すと、相手は興味を持ってくれた。

こうして1973年、『海中密輸ルートを探れ』がついに出版された。しかしカッスラーは、すぐに専業作家になったわけではない。広告会社をやめたのは、1975年に第2作の『氷山を狙え』が出版されてからだ。[47]

同じような慎重さで成功した例は多い。マイケル・クライトンは医学の道を離れる時点ですでに複数の本を出版し、ベストセラーも出していた。グリシャムも『法律事務所』の映像化権がパラマウント社に60万ドルで売れるまで、弁護士の仕事をやめなかった。

こうした現実的な側面に目を向ければ、バランスのとれた戦略が見えてくる。

重要なプロジェクトを追求したいからといって、軽率に今の仕事をやめないほうがいい。まずは仕事を続けながら、次の2つの条件が満たされるかどうかを確認しよう。

ひとつは、その仕事にお金を払いたいと思う人たちがいること。もうひとつは、その成果に再現性があることだ。

本の執筆でいえば、たとえば複数の本が売れて、固定ファンがつけば基準は満たしたといえるだろう。起業の場合なら、副業で毎月安定した収入が入ってくる状態になれば問題はない。

この条件をクリアできたら、収入源をそちらに切り替えてみよう。ただし、必ずしも今の仕事を完全にやめる必要はない。勤務時間を減らしたり、無給の休暇を取るだけでも効果はある。**大事なのは、このプロジェクトで成功しなければ困るという切迫感を生みだすことだ。**

クライブ・カッスラーは広告業を続けながら4つの原稿を完成させたが、本当にブレイクしたのは専業になってから書いた5作目『タイタニックを引き揚げろ』だった。収入を賭けたことで、彼は一躍ベストセラー作家になったのだ。

締め切りを宣言する

お金と時間を費やすのは自分のプロジェクトに賭けるための明確な方法だが、もうひとつの選択肢として、社会的な信用を賭けるという手がある。

そのために、締め切りを周囲の人に宣言しよう。

プロジェクトの計画を前もって知らせておけば、周囲の人の期待が生まれる。宣言しておいて何も作れなかったら、みんなに失望されるという社会的コストを支払わなければならない。それを避けたいと思う気持ちが、仕事をやりとげるための強力なモチベーションになる。

僕が住んでいるワシントンDC近郊の小さな町は、芸術文化で知られている。そのため、さまざまなアートイベントのチラシやメールが日常的に飛び込んでくる。この章を書いているあいだにも、近所に住むジュエリーデザイナーとミクストメディア作家が、空きテナントを利用して3週間にわたる週末アートマーケットを開催していた。

かれらは地元の印刷所と提携し、町のいたるところに派手な広告を掲示した。こうして人々の期待値を高めておくと、ベストな作品を作らないわけにはいかなくなる。集まってくれた来場者をがっかりさせたくないからだ。

このように**スケジュールを宣言する戦略**は、大小さまざまな規模に応用できる。脚本家志望の人なら、映画に詳しい友人をつかまえて「この日までに原稿を書き上げるから読んでほしい」と頼んでみるといいだろう。起業家なら、新製品のリリース日をあらかじめ公表しておくと、その日までによいものを完成させるためのプレッシャーが高まる。

人間にとって、他者の評価ほど気になるものはない。

この性質をうまくハックするのが、締め切りを宣言する戦略だ。人の期待に応えたいという気持ちは、最高の成果を生みだす集中力を与えてくれるはずだ。

周囲の人に投資してもらう

1977年、当時29歳の映画監督ジョン・カーペンターは、ロンドン映画祭に参加するためにイギリスを訪れていた。

映画祭で上映されるのは、低予算アクション映画『ジョン・カーペンターの要塞警察』。大規模な劇場公開には向かず、数少ない上映館でも収益はいまひとつだったが、監督としての才能は光っていた。

ロンドン映画祭のディレクターを務めたケン・ウラスチンは、この作品を評価して次のように述べる。

「新人監督の手で、これほどに力強くエキサイティングなクライム映画が作られたのは久しくなかったことだ。見る者をぐっと引きつけて離さない作品である」[48]

この映画祭で、カーペンターは資産家のムスタファ・アッカドと出会った。アッカドは『砂漠のライオン』という映画で使い残した予算30万ドルを持っていて、アメリカの映画に投資したいと考えているところだった。[49] カーペンターと制作仲間のアーウィン・ヤブランスは、そのお金を自分たちに投資してもらうために、以前から温めていたホラー映画のアイデアをアッカドに売り込んだ。

「ムスタファのメンツに訴えかけたんです」と、ヤブランスはのちに語っている。「30万ドルも出すのは厳しいかもしれませんね、無理ならいいんですよ、と。あちらもプライドがあるから、そう言われて引くわけにはいかなかったわけです」[50]

殺人鬼がベビーシッターを追いまわすホラー映画の構想をカーペンターが説明すると、アッカドはかなり乗り気になった。最終的に、監督の基本給はなしで、映画の成功報酬に賭けるという条件で契約が成立した。

この賭けはうまくいった。

1978年春、わずか21日間の撮影スケジュールで映画が完成し、タイトルは原案の『ベビーシッター殺人事件』から、より洗練された『ハロウィン』へと変更された。映画『ハロウィン』は米国だけで4500万ドル以上の興行収入を上げ、インディペンデント映画史上もっとも成功した作品となった。[51]

さらにこの映画はホラー映画というジャンルのひとつの到達点となり、映画監督としてのカーペンターのキャリアを一気に押し上げた。

『ジョン・カーペンターの要塞警察』も楽しめる映画だが、『ハロウィン』は格が上だ。

この違いは、カーペンターを支えた投資の規模にある。ごく単純に考えても、資金は多いほうが映画の質を高められる。

カーペンターと当時無名だった撮影監督ディーン・カンディは、アッカドの30万ドルの約半分を投じてパナビジョンのカメラを購入した。シネマ向けのワイドなアスペクト比を保ちつつ、なめらかなロングカットを撮れる最新式のカメラだ（カンディはこの横長の画面を生かして複数の要素をひとつのシーンに統合し、印象的な恐怖シーンを作りあげた）。

ただし、高価なカメラだけがこの映画の成功要因ではない。

大金を投じてもらった手前、中途半端なものを作るわけにはいかない、投資者を失望させたくないという気持ちが、カーペンターの技術を新たなレベルに引き上げたのだ。『要塞警察』でめざしたのは、映画監督としての才能を示すことだった。『ハロウィン』でめざしたのは、傑作と呼べる映画を撮ることだった。そこには大きな違いがある。

この教訓は、映画以外にも当てはまる。**誰かに投資してもらうと、その信頼に応えようというモチベーションが増幅される。**

ここでいう投資は、お金にかぎらない。労力を出してもらうのも一種の投資だ。たとえば舞台をやるのに設営を手伝ってもらったり、新しい事業のために半日かけて宣伝のチラシを準備してもらうのも、金銭的な投資と同じような効果がある。

自分の仕事やアイデアに投資してもらうことは、自分自身への大きな賭けだ。投資者の期待に応えられる自信がなければ、なかなか踏み切れないと思う。

それでも賭けてみよう、そして期待に応えようという気持ちのなかに、偉大さへの道がある。

エピローグ

　この本のはじまりは、若き日のジョン・マクフィーが裏庭のピクニックテーブルに寝転び、トネリコの樹を見上げて、困難な記事のアイデアが降りてくるのをじっと待っている場面だった。
　その後マクフィーは経験を積み、試行錯誤を重ねながら、長編記事を書くための再現性のあるプロセスを築き上げた。『ノンフィクションの技法』のなかで説明されているそのプロセスは、まず手帳に書き留めたあらゆるメモを清書するところから始まる。テープに録音したインタビューもすべて、アンダーウッドの手動式タイプライターでこつこつと書き起こしていく。
「打ち込むだけで何週間もかかることがある」とマクフィーは説明する。「それでも、すべての素材がひとつにまとまるのはいいものだ。集中的に情報を頭のなかにくぐらせる機会にもなる」[1]
　入力を終えると、机の上には整然とタイプされたページの束ができあがる。この段階ではまだ、つながりのない思考や記録の断片がいくらかの空白を挟んで並んでいるだけだ。

そこに意味を見つけだすために、マクフィーは各段落の欄外に短い説明を書き込み、ストーリーの構成要素に分類していく。これを彼はコンポーネントと呼ぶ。

通常の長編記事なら、30種類ほどのコンポーネントで構成されることが多い。[2] 環境活動家デヴィッド・ブラウワーについて書いた2部構成の長編記事では、36種類のコンポーネントが使われた。[3]

マクフィーはこうして書き込んだページのコピーをとり、情報のまとまりごとにハサミで切り離して、大量の細長い紙片を作る[4]（やがて初めてパソコンを買ったときには「ずいぶん高価なハサミだな」と思ったらしい）。できあがった紙片は、コンポーネントごとに分けて事務用のフォルダに入れていく。

こうして、記事の各要素に対応するフォルダがずらりと揃う。フォルダのなかには、関連するファクトや引用、思考のメモがすべて詰まっている。

次に、インデックスカードに各コンポーネントの名前を書いて、2つの木挽《こび》き台に合板を乗せただけの簡易テーブルに広げていく（当時のマクフィーにとっては、これが仕事に欠かせない「オフィス家具」だった）。[5] 台の上で物理的にカードを動かしながら、ストーリーの形を探るのだ。

早ければ2時間ほどでストーリーの構成が見えてくる。ときには何日もカードを広げたままにして、時おり戻ってきては形を見直したりする。ここは焦らず時間をかける必要がある。納得のいく形が見つからなければ、記事の執筆もうまくいかない。

最終的に満足できる形が見つかったら、いよいよ文章の執筆だ。書くときには合板に並べた順序にそって、一度にひとつのコンポーネントに集中する。そのコンポーネントに関連する紙片をフォルダからすべて取りだし、タイプライターの隣のカードテーブルにはしごのように並べていく。

「こうすると頭がクリアになり、その日やその週に取り組むべき素材だけに集中できる」

とマクフィーは言う。

「たしかに逃げ場はなくなるが、同時に、書く自由を与えてくれるのだ」[6]

この本の最初と最後にジョン・マクフィーの物語を持ってきたのには理由がある。

トネリコの樹を見上げるマクフィーの物語に冒頭でふれたとき、生産性をスローに捉え直すというアイデアはまだ直感的で漠然としたものだった。のんびりと寝転ぶ彼の姿は昨今の疲弊した知的労働者に響くと感じたが、それをどのように現実の仕事に落とし込むかはまだはっきりしなかった。

感覚は入り口になるが、前に進むには計画が必要だ。

5つの章をめぐり、ふたたびマクフィーの物語にたどり着いた今、この計画の具体的な形が明らかになったと思う。

本書では知的労働が不合理な生産性の概念にとらわれてしまった経緯を説明し、よりよい働き方を体系的に育むための3つの原則をひとつずつ紹介してきた。現在の過剰な働き方をただ否定するのではなく、持続可能な代替策としてスローワーキングの戦略を提案した。

2度目のマクフィーの物語で伝えたかったのは、この実践的な側面だ。メモや録音をタイプライターで打ち込み、ハサミで切りとって分類し、インデックスカードを合板の上に広げ、素材をカードテーブルに並べていく。時間をかけた慎重なプロセスのなかで、トネリコの樹の下で感じたアイデアの芽が、システマティックなものに変化していくのがわかる。

スローワーキングは仕事への反抗ではない。もっといいやり方を見つける試みなのだ。

＊

この本は2つの目的のために書かれた。

第1の目的は、できるだけ多くの人が疑似生産性の支配から逃れられるように手助けをすることだ。

ただし本書の最初にも述べたように、これはすべての人を対象としているわけではない。あらゆる仕事に適用できるわけではなく、ある程度の自主性をもって働ける仕事が対象だ。そこには知的労働の幅広い領域が含まれる。自ら考えて仕事を進められる会社員や、フリーランスの人、小規模な企業経営者、大学で働く研究者など、案件の選び方や進め方についての裁量がある仕事を前提としている。

もしもあなたがこの種類の仕事をしていて、疑似生産性の慌ただしさや終わりのないタスクに疲れきっているのなら、ぜひ本書の3つの原則にしたがって働き方を根本的に変えてみてほしい。

やるべきことを減らし、心地よいペースで働き、クオリティにこだわり抜く。もちろん具体的なやり方は仕事の種類によるし、誰もが何週間も木の枝を見上げる必要はないが、仕事との関係性は確実に、今より持続可能なものになるだろう。[※12]

この本の第2の目的は、もっと広い範囲を対象としている。

スローワーキングは、大規模な問題へのひとつの応答にすぎない。そもそもの問題は、知的労働の世界に、仕事を組織し評価するための一貫した理念がないことだ。目に見える活動量を生産性の目安とするやり方は、せいぜいその場しのぎの応急処置にすぎない。20世紀半ばに新たな経済セクターが急速に発展するなかで、困惑する管理者たちが苦しまぎれに考えだしたものだった。パート1で詳しく見たように、この応急処置はすでに効果を失って久しい。

IT革命によって仕事の物理的な制限が取りのぞかれ、いつでもどこでも無限の仕事が可能になると、疑似生産性は破滅に向かって突き進みはじめた。そこに新型コロナウイルスのパンデミックが追い打ちをかけ、かろうじて形を保っていたシステムにとどめを刺した。

このタイミングで、みじめな過重労働に対するあきらめを含んだ批判が広がっているのも無理はない。これまでの働き方は、もはや機能していないのだ。

今こそ、知的労働の「生産性」とは何かを真剣に問い直すべき時だ。

仕事をするのは人であり、仕事は人間にとって持続可能でやりがいのあるものでなければならない。

この前提に立ち、新たな生産性のアイデアを創出していく必要がある。スローワーキングはその一例だが、けっして唯一の答えではない。本書の提案がきっかけとなって新たな生産性の議論が広がり、異なる職種や価値観に対応した多様な働き方の市場が形成されることを願っている。

本書のスローワーキングは個人がすぐに実践できるように、実用的な仕事哲学であることを心がけた。しかしそれだけでは充分でない。もっと野心的に組織の運営を再設計したり、あるいは市場経済のしくみそのものを書き換えるようなアプローチが出てきて、本書に足りない部分を補完してくれたらうれしく思う。

革命には、さまざまに異なる規模の抵抗が必要だ。情熱的な理想を語る人もいれば、目の前の問題解決に注力する人がいてもいい。

どの道筋を選ぶにせよ、その活動全体が途方もないインパクトを持つことは強調しておきたい。ピーター・ドラッカーが知的労働者の生産性を「最大の課題」と位置づけたのに

※12：読者のなかでフリーランスのライターの人がいたら、「ジョン・マクフィーのように書ける余裕が誰にある？（Who Can Afford to Write Like John McPhee?）」というマルコム・ハリスのエッセイを読んでみてほしい（ニュー・リパブリック誌、2017年9月13日掲載）。出版業界の経済の変化により、長編記事にじっくり向き合う書き方が再現しづらくなっていると論じる記事だ。この現実はやや複雑である。2年かけて4万ワードの記事を書こうとしても、出版社はそのあいだの生活を保障してくれない。それは事実だが、1960年代当時のマクフィーがそれよりも恵まれていたわけではない。専属ライターの肩書きも、その媒体で書くフリーランサー程度の意味しかなかったと本人が述べている。マクフィーはけっして記事の報酬で余裕のある暮らしをしていたわけではなく、収入源としては売れた著書の印税や、プリンストン大学の給料のほうが比重は大きかった。だからといって、マクフィーの話に意味がないということにはならない。重要なのは、雑誌記事を書く仕事の詳細ではなく、長い目で見たときの生産性が日々の単位での慌ただしさに比例しないという気づきである。

は理由がある。これをうまく解決すれば、何百万という人々の暮らしを劇的に改善できる可能性があるからだ。

＊

2010年、パリ・レヴュー誌による内容豊かなインタビューの終わりに、ジョン・マクフィーは自分が働き者だと思われているのが意外だと語った。

「多作な作家だ」と言われると、かなり奇妙な感じがしますね。ある尺度で見れば、たしかに多くの作品を書いている。でも1日の単位で見ると、ずっとどこかに座り込んだまま、どう書きはじめたものかと考えあぐねているんです。これを週に6日やる。いわばバケツに1滴ずつ水を垂らすようなものですが、これが鍵なのです。毎日バケツに1滴ずつ水を入れれば、365日後にはそれなりの量が溜まっています。[7]

スローワーキングは何よりもまず、日々の慌ただしい激務から距離を置くことをめざしている。

その仕事が不必要だと言っているのではない。多忙な日々の業務には、たしかにやらなくてはならないタスクや予定が含まれている。でも目がまわるような忙しさは、本当に重要な仕事をやりとげる助けにはなっていない。

それに気づけば、世界の見え方が変わってくる。

スローな働き方は実現可能であるだけでなく、疑似生産性の乱暴な支配よりもすぐれている可能性が高い。マクフィーが言うように、ほんの1滴ずつでも意味のある行動を積み重ねれば、1年後にはたっぷりと成果が溜まっている。

どれだけのスピードで走ったか、その途中でどれだけ周囲にアピールできたかは関係ない。重要なのは、最終的にどこにたどり着くかだ。

過去70年のあいだ、僕らは急ぎつづけてきた。でもうまくいっているとはいいがたい。

そろそろ、ゆっくりしてもいい頃合いだ。

謝辞

いつの時点でスローワーキングという言葉が僕の思考に入り込んだのか、正確なことはわからない。新型コロナウイルスのパンデミックが始まった最初の年に、自然とその言葉が浮かんできたように思う。この時期、仕事や生産性をめぐって、読者やリスナーたちと濃密で実り多い対話を交わすことができた。僕をこの本の執筆に向かわせてくれたかれらに、真っ先に感謝を捧げたい。

やがて形になってきたアイデアを一冊の本にまとめる手助けをしてくれたのが、文芸エージェントのローリー・アブケマイヤーだ。本書の執筆中に、ローリーと組んで20年目の節目を迎えた。僕がまだ20歳の大学生だった頃、大学で成功する方法についての本を出そうと思い、出版社に売るための代理人を探していたのが出会いのきっかけだった。彼女の友情と指導はそれ以来、僕の書き手としてのキャリアを全面的に支えてくれた。本当に感謝している。

そしてもちろん、エイドリアン・ザックハイム率いるポートフォリオブックスのチームにも感謝しなくてはならない。僕のアイデアを信じつづけてくれてありがとう。ポートフォリオブックスから本を出すのはこれで3冊目になり、どれもニキ・パパドプロスが編集を担当してくれた。彼女と働くのは書き手にとって夢のような体験だと思う。また、過去作の英国版の編集を担当したリディア・ヤディがチームに加わってくれたのも心強かった。彼女の鋭いコメントや提案は原稿を形にするうえで大きな助けになってくれた。

ポートフォリオブックスのマーケティング・広報チームにも感謝を捧げたい。これまでの作品を成功に導いてくれたかれらが、今回もすばらしい仕事をしてくれると期待している。とりわけマーゴット・スタマスは、僕の今までの作品すべてに関わってきてくれた。メアリー・ケイト・ロジャースも複数の作品でともに仕事をした仲間である。自分の作品を世の中に伝える道のりが楽しいものになったのは、この人たちのおかげだ。

ニューヨーカー誌の編集者ジョシュ・ロスマンとマイク・アガーにも感謝したい。本書のアイデアの多くはそこから生まれた。つねに執筆と思考を支えつづけてくれたかれらの存在は、書き手として成長するうえで欠かせない原動力となってくれた。二人が僕を信じて導いてくれたことを思うと今でも胸がいっぱいになる。

最後に、我慢強い妻ジュリーに感謝を捧げたい。本を書くという厄介な仕事にとらわれたパートナーを持つのは、並大抵の苦労ではないと思う。彼女は初めて本を出したときから現在まで8冊の本の執筆に併走し、その過程で降りかかる困難も知り抜いている。その思いやりと忍耐に、いつもながら深く感謝している。

〔40〕Jean-Francois Méan, "Interview with Scott Welch, Man- ager for Alanis Morissette," HitQuarters, August 6, 2002, web.archive.org/web/20120609212424/http://www.hitquarters.com/index.php3?page=intrview%2Fopar%2Fintrview_SWelch.html.
〔41〕Lyndsey Parker, "Glen Ballard Recalls Making Alanis Morissette's 'Jagged Little Pill,' 25 Years Later: 'I Was Just Hoping That Someone Would Hear It,'" Yahoo!Entertainment, September 25, 2020, yahoo.com/entertainment/glen-ballard-recalls-making-alanis-morissettes-jagged-little-pill-25-years-later-i-was-just-hoping-that-someone-would -hear-it-233222384.html.
〔42〕"The Story of Twilight and Getting Published," Stephenie Meyer, stepheniemeyer.com/the-story-of-twilight-getting-published, accessed December 2022.
〔43〕Michael Carlson, "Clive Cussler Obituary," The Guardian, February 27, 2020, theguardian.com/books/2020/feb/27/clive-cussler-obituary.
〔44〕John Noble Wilford, "For Michael Crichton, Medicine Is for Writing," New York Times, June 15, 1970, nytimes.com/1970/06/15/archives/for-michael-crichton-medicine-is-for-writing.html.
〔45〕Nicholas Wroe, "A Life in Writing: John Grisham," The Guardian, November 25, 2011, theguardian.com/culture/2011/nov/25/john-grisham-life-in-writing.
〔46〕Carlson, "Clive Cussler Obituary."
〔47〕Movie rights bid from the Los Angeles Times, July 17, 1993, latimes.com/archives/la-xpm-1993-07-17-mn-14067-story.html.
〔48〕"Assault on Precinct 13," BAMPFA, bampfa.org/event/assault-precinct-13.
〔49〕"Behind the Scenes: Halloween," Wayback Machine Internet Archive, web.archive.org/web/20061220013740/http://halloweenmovies.com/filmarchive/h1bts.htm.
〔50〕"Behind the Scenes: Halloween."
〔51〕"Halloween," Box Office Mojo, IMDbPro, boxofficemojo.com/release/rl1342342657, accessed December 2022.

エピローグ

〔1〕John McPhee, Draft No. 4: On the Writing Process (New York: Farrar, Straus and Giroux, 2018), 35.〔ジョン・マクフィー 著、栗原泉 訳『ピュリツァー賞作家が明かす　ノンフィクションの技法』白水社、2020年〕
〔2〕McPhee, Draft No. 4, 37.
〔3〕McPhee, Draft No. 4, 25.
〔4〕McPhee, Draft No. 4, 35–37.
〔5〕McPhee, Draft No. 4, 21.
〔6〕McPhee, Draft No. 4, 35–36.
〔7〕John McPhee, interview by Peter Hessler, "John McPhee, the Art of Nonfiction No. 3," Paris Review, Spring 2010, theparisreview.org/interviews/5997/the-art-of-nonfiction-no-3-john-mcphee.

〔17〕Jewel, Never Broken, 270.

〔18〕Paul Jarvis, "Working Remotely on an Island: A Day in the Life of a Company of One," Penguin UK, penguin.co.uk/articles/2019/04/working-remotely-on-an-island-company-of-one-paul-jarvis.

〔19〕Cameron McCool, "Entrepreneur on the Island: A Conversation with Paul Jarvis," Bench (blog), June 3, 2016, bench.co/blog/small-business-stories/paul-jarvis.

〔20〕McCool, "Entrepreneur on the Island."

〔21〕Jarvis, "Working Remotely on an Island."

〔22〕Ira Glass, "Ira Glass on Storytelling 3," posted July 11, 2009, warphotography, YouTube, 5:20, youtube.com/watch?v=X2wLP0izeJE.

〔23〕Anne Lamott, Bird by Bird: Some Instructions on Writing and Life (New York: Anchor, 1994; rpt. 2019), 8.

〔24〕『ブギーナイツ』冒頭の3分間について、詳しくは以下を参照。V. Renée, "Here's What the First 3 Minutes of 'Boogie Nights' Can Teach You about Shot Economy," No Film School, September 26, 2016, nofilmschool.com/2016/09/heres-what-first-3-minutes-boogie-nights-can-teach-you-about-shot-economy.

〔25〕Ira Glass, interview by Michael Lewis, "Other People's Money: Ira Glass on Finding Your Voice," March 1, 2022, in Against the Rules, podcast, 26:46, pushkin.fm/podcasts/against-the-rules/other-peoples-money-ira-glass-on-finding-your-voice.

〔26〕この章を執筆した時点で最新であった2021年度の情報に基づく。この年の最終選考に残った5人のなかで、修士課程(MFA)とのつながりがなかったのはアヴニ・ドーシだけだった。MFAを経験していないことは珍しいため、複数のインタビューでわざわざその点に言及されている。たとえば以下を参照。Sana Goyal, "'The Shape of This Moment': In Conversation with Avni Doshi," The Margins, Asian American Writers' Workshop, April 21, 2021, aaww.org/the-shape-of-this-moment-in-conversation-with-avni-doshi.

〔27〕Vashi Nedomansky, "The Editing of MAD MAX: Fury Road," VashiVisuals, May 30, 2015, vashivisuals.com/the-editing-of-mad-max-fury-road.

〔28〕Raymond Edwards, Tolkien (Ramsbury, UK: Robert Hale, 2020), 165–67.

〔29〕Edwards, Tolkien.

〔30〕たとえば以下の記事を参照。ベルの研究ノートの画像も掲載されている。Seth Shulman, "The Telephone Gambit: Chasing Alexander Graham Bell's Secret," Patently-O (blog), January 10, 2008, patentlyo.com/patent/2008/01/the-telephone-g.html.

〔31〕Clifford Williamson, "1966: The Beatles' Tumultuous World Tour," History Extra, June 1, 2017, historyextra.com/period/20th-century/1966-the-beatles-tumultuous-world-tour.

〔32〕Mark Lewisohn, The Complete Beatles Chronicle: The Definitive Day-by-Day Guide to the Beatles' Entire Career (Chicago: Chicago Review Press, 1992; rpt. 2010), 211.

〔33〕Williamson, "1966: The Beatles' Tumultuous World Tour."

〔34〕Williamson, "1966: The Beatles' Tumultuous World Tour."

〔35〕Williamson, "1966: The Beatles' Tumultuous World Tour." キリスト発言騒動の詳細は、Lewisohn, The Complete Beatles Chronicle を参照。

〔36〕Jon Pareles, "Pop View; At Age 20, Sgt. Pepper Marches On," New York Times, May 31, 1987, nytimes.com/1987/05/31/arts/pop-view-at-age-20-sgt-pepper-marches-on.html.

〔37〕Pareles, "Pop View; At Age 20, Sgt. Pepper Marches On."

〔38〕Morgan Greenwald, "19 Celebrities Who Got Their Start on 'Star Search,'" Best Life, September 16, 2020, bestlifeonline.com/star-search-celebrities.

〔39〕アラニス・モリセットの初期のキャリアの詳細は、以下のドキュメンタリー映画に基づく。Jagged, directed by Alison Klayman (HBO Documentary Films, 2021).

〔35〕Francis Ford Coppola, director's commentary, The Conversation, special ed. DVD, directed by Francis Ford Coppola (Hollywood, CA: Paramount Pictures, 2000).

〔36〕John McPhee, "Tabula Rasa: Volume Two," New Yorker, April 12, 2021, newyorker.com/magazine/2021/04/19/tabula-rasa-volume-two.

〔37〕このセクションで紹介するエピソードや引用の多くは、筆者がニューヨーカー誌に寄せた以下の記事から引用した。Cal Newport, "What If Remote Work Didn't Mean Working from Home?," New Yorker, May 21, 2021, newyorker.com/culture/cultural-comment/remote-work-not-from-home.

〔38〕Karen Armstrong, The Case for God (New York and Toronto: Knopf, 2009), 54.

〔39〕Armstrong, Case for God, 56.

〔40〕Armstrong, Case for God, 56.

〔41〕Mason Currey, Daily Rituals: How Artists Work (New York: Knopf, 2013), 121.

〔42〕Currey, Daily Rituals, 177.

〔43〕Currey, Daily Rituals, 216.

〔44〕Currey, Daily Rituals, 49–50.

第5章

〔1〕ちなみに1990年代にヒットした女性シンガーで、幼い頃から親と一緒にステージに立たされていたのはジュエルだけではない。シャナイア・トゥエインも幼い頃、母親と一緒にバーで歌を披露しながら実力を身につけた。2022年のドキュメンタリー『Shania Twain: Not Just a Girl』によると、営業時間内に子どもを店内に入れると法に抵触するため、夜中まで起きていて閉店後のアフターアワー・ショーに出演させられることもあったという。

〔2〕Jewel, Never Broken: Songs Are Only Half the Story (New York: Blue Rider Press, 2016), 21.

〔3〕Jewel, interview by Joe Rogan, "Jewel Turned Down $1 Million Record Deal When She Was Homeless," October 25, 2021, in The Joe Rogan Experience, podcast, 3:06, youtube.com/watch?v=DTGtC7FC4oI（以下、JRE 1724 と記載）.

〔4〕JRE 1724, 5:25.

〔5〕JRE 1724, 9:30.

〔6〕JRE 1724, 12:38.

〔7〕JRE 1724, 13:20.

〔8〕JRE 1724, 14:00.

〔9〕たとえば以下のインタビューを参照。Taylor Dunn, "Why Jewel Says She Turned Down a Million-Dollar Signing Bonus When She Was Homeless," ABC News, abcnews.go.com/Business/jewel-talks-human-growing-career-slowly/story?id=46598431.

〔10〕Jewel, interview by Hrishikesh Hirway, "Jewel—You Were Meant for ME," episode 198, Song Exploder, podcast, 17:58, transcript available at songexploder.net/transcripts/jewel-transcript.pdf.

〔11〕Jewel, Never Broken, 173.

〔12〕Jewel, Never Broken, 177.

〔13〕Jewel, Never Broken, 230.

〔14〕Jewel, Never Broken, 231.

〔15〕Jason Fell,"How Steve Jobs Saved Apple," NBC News, October 30, 2011, nbcnews.com/id/wbna45095399.

〔16〕Jason Fell, "How Steve Jobs Saved Apple," Entre- preneur, October 27, 2011, entrepreneur.com/growing-a-business/how-steve-jobs-saved-apple/220604.

"Georgia O'Keeffe's Lake George Connection," lakegeorge.com, lakegeorge.com/history/georgia-okeeffe. 邸宅から農家への引っ越しの時期、オキーフのアトリエの名前、朝の日課など、この時期の詳細については以下の記事が参考になる。Molly Walsh, "O'Keeffe's Footsteps in Lake George Are Nearly Erased," Seven Days, June 24, 2015, sevendaysvt.com/vermont/okeeffes-footsteps-in-lake-george-are-nearly-erased/Content?oid=2684054.

〔**19**〕のちにユーザーネームを @ZaidLeppelin に変更している。

〔**20**〕James Tapper, "Quiet Quitting: Why Doing the Bare Minimum at Work Has Gone Global," The Guardian, August 6, 2022, theguardian.com/money/2022/aug/06/quiet-quitting-why-doing-the-bare-minimum-at-work-has-gone-global.

〔**21**〕Alyson Krueger, "Who Is Quiet Quitting For?," New York Times, August 23, 2022, nytimes.com/2022/08/23/style/quiet-quitting-tiktok.html.

〔**22**〕Amina Kilpatrick, "What Is 'Quiet Quitting,' and How It May Be a Misnomer for Setting Boundaries at Work," NPR, August 19, 2022, npr.org/2022/08/19/1117753535/quiet-quitting-work-tiktok.

〔**23**〕Goh Chiew Tong, "Is 'Quiet Quitting' a Good Idea? Here's What Workplace Experts Say," NPR, August 30, 2022, cnbc.com/2022/08/30/is-quiet-quitting-a-good-idea-heres-what-workplace-experts-say.html.

〔**24**〕この話題に関心のある人は、2022年12月にニューヨーカー誌に掲載された筆者の論考を参照してほしい。ひそかな退職という動きの意味や重要性についての解釈を含め、より詳細な分析をおこなっている。Cal Newport, "The Year in Quiet Quitting," New Yorker, December 29, 2022, newyorker.com/culture/2022-in-review/the-year-in-quiet-quitting.

〔**25**〕イアン・フレミングとゴールデンアイ（家）の詳細は以下を参照。Matthew Parker, Goldeneye (New York: Pegasus Books, 2015). パトリック・リー・ファーマーがこの家について述べた言葉は随所で引用されている。たとえば以下を参照。goldeneye.com/the-story-of-goldeneye, and Robin Hanbury Tenison, "The Friendly Isles: In the Footsteps of Patrick Leigh Fermor," patrickleighfermor.org/2010/04/20/the-friendly-isles-in-the-footsteps-of-patrick-leigh-fermor-by-robin-hanbury-tenison.

〔**26**〕Cal Newport, So Good They Can't Ignore You (NewYork: Grand Central, 2012), 126.〔カル・ニューポート 著、廣津留真理 訳『今いる場所で突き抜けろ！：強みに気づいて自由に働く4つのルール』ダイヤモンド社、2017年〕

〔**27**〕"How We Work," in 37signals Employee Handbook, chap. 9, basecamp.com/handbook/09-how-we-work.

〔**28**〕この1959年のインタビューはオンラインで視聴できる。Jack Kerouac, interview by Steve Allen, "JACK KEROUAC on THE STEVE ALLEN SHOW with Steve Allen 1959," Historic Films Stock Footage Archive, posted January 12, 2015, YouTube, 6:51, youtube.com/watch?v=3LLpNKo09Xk.

〔**29**〕All Things Considered, "Jack Kerouac's Famous Scroll, 'On the Road' Again," hosted by Melissa Block and Robert Siegel, aired July 5, 2007 on NPR, npr.org/transcripts/11709924.

〔**30**〕"Jack Kerouac's Famous Scroll."

〔**31**〕Mary Oliver, interview by Krista Tippett, "I Got Saved by the Beauty of the World," February 5, 2015, in On Being, podcast, NPR, 49:42, onbeing.org/programs/mary-oliver-i-got-saved-by-the-beauty-of-the-world.

〔**32**〕バシュラールの思想については以下のウェブサイトによくまとまっている。引用もこのウェブサイトによる。Tulika Bahadur, "The Poetics of Space," On Art and Aesthetics, October 5, 2016, onartandaesthetics.com/2016/10/05/the-poetics-of-space.

〔**33**〕Mead, "All about the Hamiltons.

〔**34**〕Sarah Lyall, "The World according to Dan Brown," New York Times, September 30, 2017, nytimes.com/2017/09/30/books/dan-brown-origin.html.

〔2〕Gribbin, The Scientists, 45–46.
〔3〕Gribbin, The Scientists, 75.
〔4〕Eve Curie, Madame Curie: A Biography, transl. Vincent Sheean (New York: Da Capo Press, 2001), 160–62.〔エーヴ・キュリー 著、河野万里子 訳『キュリー夫人伝』白水社、2014年〕
〔5〕Cal Newport, "On Pace and Productivity," Cal Newport (blog), July 21, 2021, calnewport.com/blog/2021/07/21/on-pace-and-productivity.
〔6〕Gribbin, The Scientists, 81.
〔7〕Richard B. Lee, "What Hunters Do for a Living, or, How to Make Out on Scarce Resources," in Man the Hunter, ed. Richard B. Lee and Irven DeVore (Chicago: Aldine Publishing, 1968), 30.
〔8〕現生人類のホモ・サピエンスが出現した正確な日付を特定することは不可能だが、30万年という数字がよく言及されるのには2つの理由がある。まず、モロッコのジェベル・イルード遺跡で発見された最古のホモ・サピエンスの化石がおおよそこの年代のものだった（ただし、化石には古い人類の特徴も顕著に見られる）。また数多くの発掘調査によって、およそ30万年前にアフリカの物質文化がより洗練された道具へと広範に変化したことがわかっている。以下の記事にすぐれた要約があるので参照してほしい。Brian Handwerk, "An Evolutionary Timeline of Homo Sapiens," Smithsonian, February 2, 2021, smithsonianmag.com/science-nature/essential-timeline-understanding-evolution-homo-sapiens-180976807.
〔9〕Lee, "What Hunters Do for a Living," 43.
〔10〕リチャード・リーの先駆的な研究に対する批判や解釈について、詳しく知りたい方は2022年11月のニューヨーカー誌に掲載された筆者の記事を参照してほしい（このセクションで紹介するリチャード・リーとマーク・ダイブルの引用や詳細はすべてこの記事に基づいている）。 Cal Newport, "What Hunter-Gatherers Can Teach Us about the Frustrations of Modern Work," New Yorker, November 2, 2022, newyorker.com/culture/office-space/lessons-from-the-deep-history-of-work.
〔11〕Mark Dyble, Jack Thorley, Abigail E. Page, Daniel Smith, and Andrea Bamberg Migliano, "Engagement in Agricultural Work Is Associated with Reduced Leisure Time among Agta Hunter-Gatherers," Nature Human Behaviour 3, no. 8 (August 2019): 792–96, nature.com/articles/s41562-019-0614-6.
〔12〕Rebecca Mead, "All about the Hamiltons," New Yorker, February 2, 2015, newyorker.com/magazine/2015/02/09/hamiltons.
〔13〕Lin-Manuel Miranda, interview by Marc Maron, "Lin-Manuel Miranda," November 14, 2016, in WTF with Marc Maron, podcast, 1:37:33, wtfpod.com/podcast/episode-759-lin-manuel-miranda.
〔14〕Mead, "All about the Hamiltons."
〔15〕『イン・ザ・ハイツ』の制作過程の詳細は以下の2つの記事による。Susan Dunne, "'In the Heights,' Drafted When Lin-Manuel Miranda Was a Student at Wesleyan University, Opens in Movie Theaters," Hartford Courant, June 10, 2021, courant.com/news/connecticut/hc-news-connecticut-wesleyan-in-the-heights-20210610-elvljdtnd5bunegtkuzv3aql2y-story.html; and "How the Eugene O'Neill Theater Center Gave Birth to In the Heights," Playbill, November 24, 2016, playbill.com/article/how-the-eugene-oneill-theater-center-gave-birth-to-in-the-heights.
〔16〕Norma J. Roberts, ed., The American Collections: Columbus Museum of Art (Columbus, OH: Columbus Museum of Art, 1988), 76, archive.org/details/americancollecti0000colu/page/76/mode/2up.
〔17〕Alfred Stieglitz to Sherwood Anderson, August 7, 1924, Alfred Stieglitz/Georgia O'Keeffe Archive, Yale Collection of American Litera- ture, Beinecke Rare Book and Manuscript Library, Yale University, box 2, folder 29, quoted in "Lake George," Alfred Stieglitz Collection, Art Institute of Chicago, archive.artic.edu/stieglitz/lake-george.
〔18〕オキーフがジョージ湖で過ごした日々とその仕事ぶりについては次のウェブサイトの情報に基づく。

Responding Promptly to E-mails," Cal Newport (blog), April 20, 2014, calnewport.com/blog/2014/04/20/richard-feynman-didnt-win-a-nobel-by-responding-promptly-to-e-mails. 引用部後半については以下の追悼記事でも確認できる。Lee Dye, "Nobel Physicist R. P. Feynman of Caltech Dies," Los Angeles Times, February 16, 1988, latimes.com/archives/la-xpm-1988-02-16-mn-42968-story.html.

〔19〕Lawrence Grobel, "The Remarkable Dr. Feynman: Caltech's Eccentric Richard P. Feynman Is a Nobel Laureate, a Member of the Shuttle Commission, and Arguably the World's Best Theoretical Physicist," Los Angeles Times, April 20, 1986, latimes.com/archives/la-xpm-1986-04-20-tm-1265-story.html. ファインマンがチャレンジャー号事故調査委員会に参加することになった経緯については、以下の記事によくまとまっている。Kevin Cook, "How Legendary Physicist Richard Feynman Helped Crack the Case on the Challenger Disaster," Literary Hub, June 9, 2021, lithub.com/how-legendary-physicist-richard-feynman-helped-crack-the-case-on-the-challenger-disaster.

〔20〕Benjamin Franklin, Autobiography of Benjamin Franklin, ed. John Bigelow (Philadelphia: J. B. Lippincott, 1868; Project Gutenberg, 2006), chap. 6, https://www.gutenberg.org/ebooks/20203.

〔21〕Franklin, Autobiography, chap. 9.

〔22〕H. W. Brands, The First American: The Life and Times of Benjamin Franklin (New York: Anchor Books, 2002), 164.

〔23〕Brands, The First American, 166.

〔24〕Brands, The First American, 189–90.

〔25〕Brands, The First American, 200–205.

〔26〕Ian Rankin, "Ian Rankin: 'Solitude, Coffee, Music: 27 Days Later I Have a First Draft,'" The Guardian, May 7, 2016, theguardian.com/books/2016/may/07/my-writing-day-ian-rankin.

〔27〕イーディス・ウォートンの情報はおもにメイソン・カリーの記事（『天才たちの日課　女性編』からの抜粋）に基づいている。Mason Currey, "Famous Women Authors Share Their Daily Writing Routines," Electric Lit, March 15, 2019, electricliterature.com/famous-women-authors-share-their-daily-writing-routines.

〔28〕タイムブロッキングについては、次のサイトの説明動画を参照してほしい。timeblockplanner.com.

〔29〕Cal Newport, "The Rise and Fall of Getting Things Done," New Yorker, November 17, 2020, newyorker.com/tech/annals-of-technology/the-rise-and-fall-of-getting-things-done.

〔30〕Docket-clearing meetings という名称は Judge John Hodgman のポッドキャストへのオマージュである。

〔31〕Cal Newport, "It's Time to Embrace Slow Productivity," New Yorker, January 3, 2022, newyorker.com/culture/office-space /its-time-to-embrace-slow-productivity.

〔32〕Blake, Free Time, 4.

〔33〕Brigid Schulte, Overwhelmed: How to Work, Love, and Play When No One Has the Time (New York: Picador, 2014), 5.

〔34〕Schulte, Overwhelmed, 13.

〔35〕Sheila Dodge, Don Kieffer, and Nelson P. Repenning, "Breaking Logjams in Knowledge Work," MIT Sloan Management Review, September 6, 2018, https://sloanreview.mit.edu/article/breaking-logjams-in-knowledge-work.

第4章

〔1〕John Gribbin, The Scientists: A History of Science Told through the Lives of Its Greatest Inventors (New York: Random House Trade Paperbacks, 2004), 8–9.

work.
〔13〕Gili Malinsky, "10 Companies Adopting a 4-Day Workweek That Are Hiring Right Now," Make It, CNBC, March 19, 2023, cnbc.com/2023/03/19/companies-with-a-four-day-workweek-that-are-hiring-right-now.html; and Ben Tobin, "Lowe's Started Offering a 4-Day Work Week after Complaints of a 'Chaotic' Scheduling System. Employees Say They Love It," Business Insider, March 28, 2023, businessinsider.com/lowes-workers-say-love-4-day-work-week-with-exceptions-2023-3.
〔14〕Cal Newport, "Newton's Productive School Break," Cal Newport (blog), March 23, 2023, calnewport.com/blog/2020/03/23/newtons-productive-school-break; and Cal Newport, "The Stone Carver in an Age of Computer Screens," Cal Newport (blog), October 27, 2020, calnewport.com/blog/2020/10/27/the-stone-carver-in-an-age-of-computer-screens.
〔15〕Cal Newport, "What If Remote Work Didn't Mean Working from Home?," New Yorker, May 21, 2021, newyorker.com/culture/cultural-comment/remote-work-not-from-home.

第3章

〔1〕Claire Tomalin, Jane Austen: A Life (New York: Vintage Books, 1999), 220.
〔2〕ほかに長編小説『ノーサンガー・アビー』と『説得』の2冊がオースティンの没後に出版された。
〔3〕James Edward Austen Leigh, A Memoir of Jane Austen (London: Richard Bentley and Son, 1871; Project Gutenberg, 2006), chap. 6, 102, gutenberg.org/files/17797/17797-h/17797-h.htm.
〔4〕Mason Currey, Daily Rituals: How Artists Work (New York: Knopf, 2013), 25–26.〔メイソン・カリー 著、金原瑞人／石田文子 訳『天才たちの日課：クリエイティブな人々の必ずしもクリエイティブでない日々』フィルムアート社、2014年〕
〔5〕Tomalin, Jane Austen, 87.
〔6〕Tomalin, Jane Austen, 122.
〔7〕Tomalin, Jane Austen, 170.
〔8〕Tomalin, Jane Austen, 214.
〔9〕Tomalin, Jane Austen, 213.
〔10〕Lananh Nguyen and Harry Wilson, "HSBC Manager Heart Attack Prompts Viral Post about Overwork," Bloomberg, April 21, 2021, bloomberg.com/news/articles/2021-04-21/hsbc-manager-s-heart-attack-prompts-viral-post-about-overwork#xj4y7vzkg. LinkedInのアカウントがない人は以下のブログで読むことができる。Alema Ljuca, "Heart Attack Survivor Shares New Life Resolutions and It Goes Viral," Medium, June 16, 2021, medium.com/better-advice/heart-attack-survivor-shares-new-life-resolutions-from-his-hospital-bed-5c7fd1aab2d8.
〔11〕Work Trend Index Annual Report: The Next Great Disruption Is Hybrid Work—Are We Ready?, Microsoft, March 22, 2021, micro soft.com/en-us/worklab/work-trend-index/hybrid-work.
〔12〕Cal Newport, "Why Remote Work Is So Hard— and How It Can Be Fixed," New Yorker, May 26, 2020, newyorker.com/culture/annals-of-inquiry/can-remote-work-be-fixed.
〔13〕Simon Singh, Fermat's Enigma: The Epic Quest to Solve the World's Greatest Mathematical Problem (New York: Anchor Books, 1997), 6.
〔14〕Singh, Fermat's Enigma, 205.
〔15〕Singh, Fermat's Enigma, 207.
〔16〕Singh, Fermat's Enigma, 210.
〔17〕Jenny Blake, Free Time (Washington, DC: Ideapress, 2022), 7.
〔18〕このインタビューについては、2014年の筆者の記事を参照してほしい（元となった1981年の動画は現在YouTubeから削除されている）。Cal Newport, "Richard Feynman Didn't Win a Nobel by

記述がある)。McKinsey & Company and Lean In, Women in the Workplace: 2021, 2022, wiw-report.s3.amazonaws.com/Women_in_the_Workplace_2021.pdf. 以下の要約もわかりやすい。Eliana Dockterman, “42% of Women Say They Have Consistently Felt Burned Out at Work in 2021,” Time, September 27, 2021, time.com/6101751/burnout-women-in-the-workplace-2021.

〔11〕Jennifer Liu, “U.S. Workers Are among the Most Stressed in the World, New Gallup Report Finds,” Make It, CNBC, June 15, 2021, cnbc.com/2021/06/15/gallup-us-workers-are-among-the-most-stressed-in -the-world.html.

〔12〕Carter, Desperate Networks, 119.

〔13〕Carter, Desperate Networks, 120.

〔14〕Carter, Desperate Networks, 121.

〔15〕Carter, Desperate Networks, 125.

〔16〕『CSI：科学捜査班』がCBSの復活劇に果たした役割については、たとえば以下の記事を参照。“2000–01 Ratings History,” The TV Ratings Guide, August 15, 1991, thetvratingsguide.com/1991/08/2000-01-ratings-history.html.

第2章

〔1〕マクドナルドの進出に対するイタリア人の反応は、1986年当時の以下の記事に基づいている。John Phillips, “McDonald's Brings Americanization Fears to Rome,” UPI, May 10, 1986, upi.com/Archives/1986/05/10/McDonalds-brings-Americanization-fears-to-Rome/6908516081600.

〔2〕“Slow Food Manifesto,” 1989, Slow Food, slowfood.com/filemanager/Convivium%20Leader%20Area/Manifesto_ENG.pdf. 各国語バージョンは以下を参照。“Key Documents,” Slow Food, slowfood.com/about-us/key-documents.

〔3〕このアプリコットについてはマイケル・ポーランの以下の記事に詳しい。Michael Pollan, “Cruising on the Ark of Taste,” Mother Jones, May 1, 2003, archived at michaelpollan.com/articles-archive/cruising-on-the-ark-of-taste.

〔4〕サローネ・デル・グストとその統計については以下を参照。Mark Notaras, “Slow Food Movement Growing Fast,” Our World, October 31, 2014, ourworld.unu.edu/en/slow-food-movement-growing-fast.

〔5〕Pollan, “Cruising on the Ark.”

〔6〕Pollan, “Cruising on the Ark.”

〔7〕スローメディア運動については以下の本をおすすめする。Jennifer Rauch, Slow Media: Why “Slow” Is Satisfying, Sustainable, and Smart (Oxford: Oxford University Press, 2018), global.oup.com/academic/product/slow-media-9780190641795.

〔8〕Carl Honoré, In Praise of Slowness: Challenging the Cult of Speed (New York: HarperOne, 2005), 86.

〔9〕AppleTogether, “Thoughts on Office-Bound Work,” appletogether.org/hotnews/thoughts-on-office-bound-work.html.

〔10〕Jane Thier, “Tim Cook Called Remote Work ‘the Mother of All Experiments.’ Now Apple Is Cracking Down on Employees Who Don't Come in 3 Days a Week, Report Says,” Fortune, March 24, 2023, fortune.com/2023/03/24/remote-work-3-days-apple-discipline-terminates-tracks-tim-cook.

〔11〕Cal Newport, “What Hunter-Gatherers Can Teach Us about the Frustrations of Modern Work,” New Yorker, November 2, 2022, newyorker.com/culture/office-space/lessons-from-the-deep-history-of-work.

〔12〕Alex Christian, “Four-Day Workweek Trial: The Firms Where It Didn't Work,” BBC, March 20, 2023, bbc.com/worklife/article/20230319-four-day-workweek-trial-the-firms-where-it-didnt-

原注

プロローグ

〔1〕John McPhee, Draft No. 4: On the Writing Process (New York: Farrar, Straus and Giroux, 2018), 17.〔ジョン・マクフィー 著、栗原泉 訳『ピュリツァー賞作家が明かす　ノンフィクションの技法』白水社、2020年〕

〔2〕「トーク・オブ・ザ・タウン」コーナーの短編記事や初期の短編小説はここではカウントしていない。マクフィーのニューヨーカー誌アーカイブは以下のURLから閲覧できる。newyorker.com/contributors/john-mcphee. また、マクフィーがタイム社に在籍した正確な時期は、ジェフリー・ソマーズの記事「John McPhee: His Life and Work」(ThoughtCo., July 20, 2019, thoughtco.com/john-mcphee-biography-4153952) に基づく。

〔3〕John McPhee, "A Sense of Where You Are," New Yorker, January 23, 1965, newyorker.com/magazine/1965/01/23/a-sense-of-where-you-are.

〔4〕John McPhee, "A Reporter at Large: Oranges–I," New Yorker, May 7, 1966, newyorker.com/magazine/1966/05/07/oranges-2; and John McPhee, "A Reporter at Large: Oranges–II," New Yorker, May 14, 1966, newyorker.com/magazine/1966/05/14/oranges-3.

〔5〕McPhee, Draft No. 4, 17.

〔6〕McPhee, Draft No. 4, 19.

〔7〕McPhee, Draft No. 4, 19.

〔8〕Celeste Headlee, Do Nothing: How to Break Away from Overdoing, Overworking, and Underliving (New York: Harmony Books, 2020), ix.

第1章

〔1〕Bill Carter, Desperate Networks (New York: Broadway Books, 2006), 42.

〔2〕Peter F. Drucker, "Knowledge-Worker Productivity: The Biggest Challenge," California Management Review 41, no. 2 (Winter 1999): 83.

〔3〕トーマス・ダベンポートの引用は2019年12月におこなった電話インタビューによる。ニューヨーカー誌に寄稿した元記事は以下で閲覧できる。Cal Newport, "The Rise and Fall of Getting Things Done," New Yorker, November 17, 2020, newyorker.com/tech/annals-of-technology/the-rise-and-fall-of-getting-things-done.

〔4〕Encyclopedia Britannica Online, "Norfolk Four-Course System," accessed August 18, 2023, britannica.com/topic/Norfolk-four-course-system.

〔5〕"Moving Assembly Line Debuts at Ford Factory," History, October 6, 2020, history.com/this-day-in-history/moving-assembly-line-at-ford.

〔6〕G. N. Georgano, Cars: Early and Vintage, 1886–1930 (London: Grange-Universal, 1985) .

〔7〕テイラーとシャベルについて興味のある方は、以下の記事を参照してほしい。"Frederick Winslow Taylor, the Patron Saint of the Shovel," Mental Floss, April 27, 2015, men talfloss.com/article/63341/frederick-winslow-taylor-patron-saint-shovel.

〔8〕Peter F. Drucker, The Effective Executive: The Definitive Guide to Getting Things Done (New York: HarperCollins, 2006), 4.〔P. F. ドラッカー 著、上田惇生 訳『経営者の条件』ダイヤモンド社、2006年〕

〔9〕Jory MacKay, "Communication Overload: Our Research Shows Most Workers Can't Go 6 Minutes without Checking Email or IM," RescueTime (blog), July 11, 2018, blog.rescuetime.com/communication-multitasking-switches.

〔10〕実際の調査結果については以下を参照(「方法」の部分に対象者の大半が知的労働者であったという

［著者］
カル・ニューポート
ジョージタウン大学准教授（コンピュータサイエンス）。研究の傍ら、文化とテクノロジーの交差するトピックについて一般向けの本や記事を書き、ポッドキャストでも人気を博している。これまでに８冊の著書があり、ニューヨーク・タイムズ・ベストセラー入りして世界40か国語に翻訳された。主な著書に『大事なことに集中する』『今いる場所で突き抜けろ！』（共にダイヤモンド社）、『デジタル・ミニマリスト』『超没入』（共に早川書房）などがある。

［訳者］
高橋 璃子（たかはし・りこ）
翻訳家。訳書に『限りある時間の使い方』『エッセンシャル思考』『エフォートレス思考』（いずれも、かんき出版）、『エブリデイ・ユートピア』『あなたのセックスが楽しくないのは資本主義のせいかもしれない』『アダム・スミスの夕食を作ったのは誰か？』『無意識のバイアスを克服する』（いずれも河出書房新社）などがある。

SLOW　仕事の減らし方
――「本当に大切なこと」に頭を使うための３つのヒント

2025年１月28日　第１刷発行
2025年２月17日　第２刷発行

著　者――カル・ニューポート
訳　者――高橋 璃子
発行所――ダイヤモンド社
〒150-8409　東京都渋谷区神宮前6-12-17
https://www.diamond.co.jp/
電話／03·5778·7233（編集）　03·5778·7240（販売）
カバーデザイン―井上新八
本文デザイン、DTP―梅里珠美（北路社）
校正――――円水社
製作進行――ダイヤモンド・グラフィック社
印刷――――新藤慶昌堂
製本――――ブックアート
編集担当――畑下裕貴

ISBN 978-4-478-12067-5